文化生态视域下
大学生价值观研究

王璐璐 著

山东大学出版社

图书在版编目(CIP)数据

文化生态视域下大学生价值观研究/王璐璐著.
—济南:山东大学出版社,2018.12
ISBN 978-7-5607-6285-2

Ⅰ.①文… Ⅱ.①王… Ⅲ.①大学生—思想政治教育研究—中国 Ⅳ.①G641

中国版本图书馆 CIP 数据核字(2019)第 006383 号

责任编辑:王文珺
封面设计:牛 钧

出版发行:山东大学出版社
社 址 山东省济南市山大南路 20 号
邮 编 250100
电 话 市场部(0531)88363008
经 销:新华书店
印 刷:济南万方盛景印刷有限公司
规 格:720 毫米×1000 毫米 1/16
11.75 印张 217 千字
版 次:2018 年 12 月第 1 版
印 次:2018 年 12 月第 1 次印刷
定 价:42.00 元

前　言

价值观是人生的标尺和航向，对个人成长和工作、生活起着重要的引导作用。在不同时代和文化背景下，个人价值观与社会变革产生共振，会带有鲜明的时代特色。社会主义核心价值观应时代要求而立，为民族复兴而生，统领着各个社会群体的价值意志。大学生价值观在整个文化环境的浸润和时代前进的脚步中，也悄然发生着变化。改革开放以来，大学生价值观如何变迁？遵循什么规律变化？现状如何？怎样处理大学生价值观同社会主义核心价值观之间的关系？是否可以尝试对当前大学生价值观内容进行凝练，并进一步完成大学生价值观教育机制的创新推进？这些问题的研究属于意识范畴，却也围绕着青年成长目标进行务实地思考，是指导大学生确立正确的价值取向，进而审视自我、坚定意志、落实行动的必经之路。

价值观是文化的内核，在文化发展的大环境下把握价值观的演变是题中应有之义。文化生态学作为一门新兴的交叉学科，以文化生态系统为研究对象，系统是由主体、客体两部分组成的，主体可以是人亦可以是文化学，客体是动态发展的文化链，由文化理念、文化制度、文化规律、文化环境、文化资源、文化实践等要素组成，主张用生态学系统的、整体的、动态的、平衡的观点看待文化的产生、演变以及与环境的关系，重视文化各要素之间的关联和相互作用。文化生态学所蕴含的丰富的历史意义、社会意义和文化意义，对于人的素质养成以及民族精神的筑造，都具有深刻的影响和深远的意义。以文化生态的视角对大学生价值观进行研究，不仅蕴含了生态文明的时代主题，而且通过对文化生态系统的构建，关照各种环境要素的平衡发展，引导价值主体树立正确的价值取向，从而符合社会主导价值要求。

借用文化生态学的观点分析大学生价值观，要通过对相关概念的界定入手，厘清文化、生态学、文化生态、价值观、社会主义核心价值观等含义以及相互关系，找到价值观与文化生态相关性的学理和现实依据，探讨文化生态视阈下进行大学生价值观建设的可行性和必要性。研究大学生群体的价值观，要将文化生态环境微缩和聚焦，着重进行高校文化生态研究，构建一个文化生态场域，用系统学的角度，分析高校文化生态系统的基本内涵和构成要素，构建一个受原生环境、现实环境、历史环境和国际环境相互作用的动态、开放的系统模型，其中资源子系统、实践子系统、制度子系统和价值子系统由外至内形成合力，作用于价值观主体，发挥系统凝聚、导向、熏陶和辐射的价值功能。

对当前大学生价值观的构建要回溯其在历史洪流中的演变，梳理阶段性的特征，并探究大学生价值观发展变化的规律。改革开放以来，国家在政策颁布和文件规定上，逐步突显文化环境和精神文明建设的作用，增强价值观的社会认同度，特别是社会主义核心价值观的提出为社会主义文化繁荣提供了助推力。业界学者根据文化体制改革的历程和发展规律提出了不同的划分阶段，进一步认证了文化生态环境对价值主体的作用力。大学生价值观随着社会文化环境的变换，经历了价值观重塑、多元和整合等不同阶段，表现出了趋于稳定的价值观特征，主体意识进一步增强，迈入以社会主义核心价值观为一元主导、多元价值观并存的价值观格局。大学生价值观变化发展是有规律可循的，既有着群体特征基本一致的必然性，又存在个体经历和社会变革的偶然性，它与主体意识交互生长，又同社会变革相关共振，体现了价值观由自发到自觉的辩证上升过程。

恩格斯对杜林的“原则在先”曾进行批判。原则不是研究的出发点，不是自然界和人类社会去适应原则，原则在符合自然界和历史的情况下才是正确的。因此，对于大学生价值观的研究不能仅仅停留在语义分析和规范分析的层面，要通过实证分析掌握大学生价值观现状的第一手资料。在大学生价值观现状调查问卷的设计过程中，将价值观细分为政治价值观、道德价值观、消费价值观、人际价值观、人生价值观、职业价值观和恋爱价值观七个系类，分别对在校大学生和教师群体进行调研，客观分析得出结论，为大学生价值观的凝练和培育提供客观分析依据。

对大学生价值观内容进行凝练要充分考虑高校复杂多元的文化生态环境，反映多种文化冲突下大学生的信仰缺失和主体诉求。在凝练原则上，要以社会主义核心价值观为一元主导，体现社会化和个体化两种角色，处理好凝练过程中理想与现实、一般与个别、他律与自律这三种关系，力求体现价值观内容的共融性、承启性、创新性和前瞻性。在此基础上，提供较为全面、科学的提炼技术路径，以国学精神为基石，参考国家政策文件、国内外校训、已有的理论成果，并结合实证分析的结果，将大学生价值观的内容以“集束式”方式创新表达，体现出价值观的结构体系，即确定以“责任”为大学生价值观统领性的概念，延展出“爱国”“厚德”“尚学”“创新”“求实”“励行”六个从属性的概念，演绎“责任”这一大学生价值观内核的丰富涵义。

在全社会积极培育和践行社会主义核心价值观的进程中，大学生价值观教育也取得了实质性进步，大学生更注重个人品行修养，主动承担社会责任。在推进大学生价值观教育过程中，要把握好全员育人、与学生思想实际结合、争取学生情感认同、创新方法手段、形成学生自觉自律等原则，创新培育机制研究。将价值观教育引导置于高校文化生态系统的架构下，统筹各方要素，实现育人的全员性、全过程、全方位的育人格局；在文化价值引领作用下，创新教育内容和教育方式，加强学会做人教育、理想信念教育、人文素质教育、现代公民教育和社会责任教育，重视网络德育、学科德育、开放德育和故事德育，做到价值观内容入脑入心；充分发掘高校文化生态系统的价值资源，注重文化制度建设，从教师队伍建设、校园环境营造和规范健全三个方面完善激励机制，通过选树典型起到示范引领的关键作用，在文化实践的指导下，开展行动创新机制研究，打造知行合一的学习、实践体系，并营造积极的舆论氛围，巩固价值观教育的效果。

一切文献性质的捕捉和分析，都远远不及在实践和摸索中得到的真实而有效。对大学生价值观内容的构建和教育的推进要提倡“躬行实践”的要求，让大学生在良好的高校文化生态环境中找寻到耦合价值观的资源和渠道，发挥实践在大学生价值观教育过程中不可替代的重要作用。

王璐璐

2018 年 10 月 10 日

目　录

绪　论

第一节　研究的缘起及意义

20世纪以来，随着各类生态问题的产生，生态建设一时成为人类的共同诉求，人们更加倾向以整体的、动态的、平衡的、可持续发展的眼光来看待世界、分析问题。社会的发展和人类自身的发展离不开与之相匹配的生态环境，它不仅包括自然生态环境，更涵盖社会文化生态环境，人类的生存发展空间不仅是一个自然空间，同时也是一个人文空间。将生态学的理论方法和系统论的思想应用于文化研究，便产生了文化生态学。作为一门诞生于20世纪50年代中期的新兴交叉学科，文化生态学研究主要应用于文化环境、文化资源、文化规律和文化系统等领域，对于民众个性的形成、素质品行的养成以及不同民族精神的筑造，都意义重大。我国十八大报告中提到的"五位一体"的总体布局，第一次将文化建设和生态建设列入其中，意义非凡。文化是民族的血脉，生态是共存的网群，二者相互促进，平衡发展，良好的文化生态环境是文化繁荣发展的基础。价值观的形成需要经过"认知—自我评估—选择—强化—内化"等几个过程，一旦形成便具有一定的稳定性和持久性。它在整个价值体系中居于主导性地位，是对人生的终极目标进行思考和对人生行为进行指导的关键。

高校文化作为一种具体的文化生态样式，具有鲜明的时代特色，被赋予了文化传承的历史责任，并理应在文化生态视域下开展自身建设。高校作为先进文化的引领者，是培育高素质人才的主阵地，体现了文化育人、生态立校、和谐发展的应用价值。高校文化的建设主要以师生价值观塑造为核心，并以承载这些价值观的活动形式和物质形态开展，在这个过程里，各种各样的价值观融为一个互促互补、平衡有序、和谐共生的价值体系，特别是构建大学生价值观内容体系，引导大学生价值观符合社会主导价值要求。

本书以文化生态系统为研究背景，在文化生态的基本范畴、理论框架和现实意义下研究大学生价值观的基本问题，并通过问卷调研、实证分析、政策文件整理和理论流派总结，对我国改革开放以来大学生价值观的变迁轨迹进行梳理，力求体现价值观在文化生态系统中的重要地位，以社会主义核心价值观为统领，尝试建构当代大学生价值观的内容体系，并通过多渠道建立教育引导机制，切实发挥高校德育工作科学化、人本化、系统化作用。

一、研究的理论意义

19 世纪中叶，德国博物学家海克尔坚持生物的"一元论"哲学，认为"个体发育是系统发育简短而迅速的重演"，明确提出了"生态学"这一概念，并注重研究生物体同外部环境之间的关系。自此以后，生态学的研究更具有整体性、动态性、和谐性等特点，其概念经过文明的演进，已经逐渐超越了生态学本身所具有的含义，成为人类意识和研究普遍性的思维方式。人类的生存与发展离不开自然环境，但滋养人类心智的社会文化环境则凸显出越来越重要的作用。"文化"与"生态"早已成为密不可分、相依相伴的网络体。1955 年，美国学者 J. H. 斯图尔德系统阐释文化生态学概念的著作《文化变迁的理论》出版，标志着文化生态学的正式诞生。之后，学者在研究文化生态相关内容时，均以斯图尔德的概念和研究内容为起点，围绕人类与周围环境间的关系及相互影响陆续展开。

从学科结构上来说，文化生态学是一门交叉学科，其学科来源是文化学和生态学，文化学是其研究对象，生态学是主要的研究方法，换言之，"文化生态学是一门将生态学的方法运用于文化学研究的新兴交叉学科"①。自 20 世纪 80 年代以来，文化生态学进入现代研究领域，在理论研究方面包含了文化时空耦合论、系统结构论、生态功能论、人地关系论，此外，还有比较前沿的景观感知与映射理论等。在上述理论研究中，比较常见的是系统结构理论，主要是以系统论的观点对文化生态学的理论进行构建和思考，集中体现了文化是一个系统而完整的结构体，文化生态系统主要通过文化链、文化共生使其各个组分之间

① 戢斗勇：《文化生态学论纲》，《佛山科学技术学院学报》(社会科学版)2004 年第 5 期。

发生关系并产生动态变化。系统结构的维护是文化生态系统平衡与演进的基础,系统结构的优化是文化生态学研究的目标。[①]

从文化生态学的研究应用领域来看,最先进入的是文化哲学领域,虽然文化哲学对文化本体、文化模式、文化价值、文化危机、文化转型等问题的探讨逐渐深入,文化生态学的融入还是被许多论者视为未来哲学研究的自觉形态而被寄予厚望,使文化系统的存在和发展形成了良好而完备的功能态;此外,文化生态学还侧重对文化环境进行研究,目的是通过研究文化存在的内部环境和外部环境来探求文化与环境因素的互动关系以及文化在各种形式下的互动关系。其中,环境是指宏观的、影响文化生存和发展的大环境概念,涵盖了外环境和内环境两个方面的内容,外环境指的是社会经济、政治制度和自然地理状况等;内环境指的即为在文化范畴下各种不同文化,如不同地域、不同民族、不同宗教和不同学派的文化[②];另有学者侧重用生态学的理论和方法,将文化资源作为主要的研究对象,对如何保护与合理有效地开发利用文化资源进行分析,探究其现实意义;还有学者从文化生态系统入手,阐述我国创新文化生态系统的构成要素、系统属性、框架模型、主要功能以及演化规律[③]。在诸多文化生态学视野下进行的研究中,教育界的研究者和成果相对较多,在后现代文明时代,人们开始以系统、全面、动态、平衡和可持续发展的生态视角来分析教育领域,特别是思想政治教育的全过程,通过文化生态系统分析,借以主客体平等互动的关系,以培养"完整而全面发展的人"为目标,注重人与自然、人与社会、人与人之间的交往互动,从而实现主体人与客体诸多环境的协调发展,教育对人性的塑造和价值重构功能也逐渐趋于成熟。

借鉴已有的文化生态学研究成果,本书以系统论的观点对文化生态学的理论进行构建,通过文化链作用于系统主体,维护文化生态系统的平衡与发展。本书中谈到的文化生态视域,是以文化生态系统为研究对象,系统是由主体、客体两部分组成的,主体可以是人亦可以是文化学,客体是动态发展的文化链,由文化理念、文化制度、文化规律、文化环境、文化资源、文化实践等要素组成,主

---

① 参见李子贤:《存在形态、动态结构与文化生态系统——神话研究的多维视点》,《云南师范大学学报》(哲学社会科学版)2006 年第 3 期。

② 参见江金波:《论文化生态学的理论发展与新构架》,《人文地理》2005 年第 4 期。

③ 参见陈长杰、翟涛、韩子寅、杨星科编:《创新文化生态系统研究》,科学出版社 2013 年版,第 26～105 页。

张用生态学系统的、整体的、动态的、平衡的观点看待文化内核之价值观的产生、演变以及与环境的关系，重视文化各要素之间的关联和相互作用。价值观是文化的内核，将价值观作为文化生态学的研究主体也是应有之义，这也是在文化生态视域下进行价值观研究的理论基础，体现了在系统内研究的主体性原则。就系统内的客体构成而言，文化链由文化理念、文化制度、文化规律、文化环境、文化资源、文化实践等要素串联形成一个作用场，文化理念是要一以贯之的原则，在文化场内，按照文化发展的规律办事，完善文化制度，充分利用文化资源，以文化实践活动为落脚点，充分发挥客体对系统主体的作用力。在文化链中，文化环境是要再细分的重要元素，它的外部环境由历史环境、现实环境、社会环境、国际环境等构成，这里指的文化环境是就系统内部而言的，聚焦到不同的具体环境中具体分析，如在本书中展开的高校文化生态环境要素分析，体现特殊性和针对性。除此以外，本书在搭建分析的概念框架的同时，又思考如何将文化生态视域更深刻地嵌入价值观分析中去，形成一个完善的分析框架，借鉴了比较政治学中“政治社会化”和“一致性原则”。文化生态系统不是封闭的，随着社会的发展、时代的进步和人们的需要的变化，这个系统会逐渐慢慢开放，系统内部的各个要素会流动、变化，对价值观的稳定性和一致性会造成影响。要保持价值观长期、稳定地顺势发展，就要遵循一致性原则。

大学的核心使命为传播文化、发展科学，从文化生态的视域来看，现代大学建设的当然之责是传承大学的文化基因，探寻大学校园文化建设的合理路径。[①]在文化生态系统中，价值观居于内容之核，文化的认同与冲突在根本上体现为价值观的认同与冲突，置大学生价值观于文化生态视域下进行研究，主要基于以下考虑：从生态学视角来看，人类的生存环境分自然环境、社会环境和规范环境，文化生态环境主要是由后两者构成，文化生态是指运用生态学的基本原理和基本规律来探讨、认识文化现象，并包含文化系统内外部要素及其相互作用所形成的生态关系。[②] 文化生态系统的主体是人亦可以是文化学，既包括人的思想道德素质，也包括人的科学文化素质，既有文化环境硬件生产的任务，更有塑造意志品格软环境的任务。立足文化生态系统的建构目标取向，建设一个多

---

① 参见[西]奥尔特加·加塞特：《大学的使命》，徐小洲、陈军译，浙江教育出版社 2001 年版，第 81～95 页。

② 参见[德]汉斯·萨克塞：《生态哲学》，文韬、佩云译，东方出版社 1991 年版，第 123～141 页。

样互补，共生发展的价值观系统显得尤为重要。[①] 尤其是通过文化生态建设原则的借鉴，探求大学生价值观的演变与发展，最终通过多种构建渠道实现德育效果。

微观到个体，价值观是一个人思想和行为的指南，起到导向、解释、调节、发展等多重作用。人具有社会性，所以要创造有利于生存的环境，利他是其基本属性之一；同时，人也具有求生求乐的自然本能，自利也是其基本属性之一。在我国主流意识形态中，对于“自由”和“民主”的理解一定程度上存在误区。譬如，《共产党宣言》中指出未来社会的实质内容是“每个人的自由发展是一切人的自由发展的条件”[②]，由此可见，自由在马克思主义价值观中占有核心的地位。《共产党宣言》还强调“工人革命的第一步是使无产阶级上升为统治阶级，争得民主”，民主是人民在经济、政治、文化各个领域实现“当家做主”的真正含义，是民主政治建设的关键。这些论述要说明的是，对于微观个体的价值观研究，要避免走向强调整体而忽略个人的极端，合理的价值取向应该在社会利益和个人利益间协调平衡，明确其中的相互依存、相互促进的辩证发展关系。

在凝练大学生价值观内容的过程中，首先要持有这种价值性真理，抛弃一些固化的价值观概念“陷阱”，以客观事实为依据，体现人本性原则。同时，要分清价值和价值观的相关概念，发现相互之间的关系，为下一步的大学生价值观实证研究提供理论依据。

经过上述理论研究的逻辑梳理，我们能够确定，在文化生态视域下分析探索大学生价值观的变迁和构建既是独特的，更是有效的，且研究的意义重大。本书对高校文化生态系统进行创新而深入的分析，包括高校文化生态系统的概念界定、基本内涵及构成要素分析、系统结构分析、模型构建、功能分析、环境分析等，为大学生价值观现状分析、内容凝练、培育机制等研究奠定理论基础。本书总结了文化生态系统开放以来大学生价值观的变迁规律，以社会主义核心价值观为内容指导，对当前大学生价值观的特征、表述方式进行研究，力求在高校文化生态系统中体现价值观的整合原则，体现大学生价值观的共享性、承启性、人本性和前瞻性，实现大学生思想政治教育科学化、人本化、系统化的发展目标。

---

① 参见才华、董兴杰、梁瑞敏：《文化生态视域下我国当代大学生价值观的整合》，《河北师范大学学报》2011 年第 12 期。

② 《共产党宣言》，中央编译出版社 2005 年版，中共中央编译局译，第 46 页。

二、研究的现实意义

价值观问题是马克思主义研究中的重要问题，也是比较薄弱的部分。自党的十六届六中全会提出建设社会主义核心价值体系起，价值观研究开始受关注，关于价值观的讨论逐渐由理论层面渗透到实践层面。党的十七大将“切实把社会主义核心价值体系融入国民教育和精神文明建设全过程，转化为人民的自觉追求”列入当前推动社会主义文化繁荣发展的重要任务，提高社会主义核心价值体系的“全民感召力”，从宏观层面提出了战略要求和整合调控。党的十八大和十八届二中、三中全会精神和《关于培育和践行社会主义核心价值观的意见》，进一步筑牢青年团结奋斗的思想基础。特别是近年来以《习近平在同各界优秀青年代表座谈时发表的重要讲话》为代表，强调青年应为实现中国梦尽责，身体力行践行社会主义核心价值观。从微观层面上来看，首先，当代大学生作为中国未来发展的希望和栋梁，处于价值观塑造的最关键的人生阶段，面临着由多元文化这一“双刃剑”带来的诸多挑战和考验，价值多元化的现实存在决定了构建大学生价值观的必要性。本书紧密结合了十八大报告中的文化建设和生态建设双重要素，尝试把文化生态系统引入大学生价值观构建体系中，将文化生态学所蕴含的历史意义、文化意义、社会意义和现实意义统合起来，发挥其人性塑造、品格养成和价值观构建的重要影响和作用。党的十九大报告中明确指出：“文化兴国运兴，文化强民族强。没有高度的文化自信，没有文化的繁荣兴盛，就没有中华民族伟大复兴……发展中国特色社会主义文化，就是以马克思主义为指导，坚守中华文化立场，立足当代中国现实，结合当今时代条件，发展面向现代化、面向世界、面向未来的，民族的科学的大众的社会主义文化，推动社会主义精神文明和物质文明协调发展。”[①]其次，立足文化生态视域的全新视角，通过文献资料，分析梳理改革开放以来大学生价值观的变迁，总结基本规律，为当代大学生价值观的构建提供有价值的参考。再次，研究将围绕当前大学生价值观现状展开实证分析，充分选取师生样本量施测，用科学的统计分析方法得出指导性结论。最后，以社会主义核心价值观为引领，对多元文化生态视域下大学生价值观做出客观的分析和界定，明确大学生正确的价值取向，并构建教育培育机制，实现大学生思想政治教育科学化、人本化、系统化的发展

① 《党的十九大文件汇编》，党建读物出版社 2017 年版，第 28 页。

目标。综合看来，在文化生态视域下研究当代大学生价值观的现实意义可以分为以下四点：

第一，从大学生价值观三大变化看内外环境的挑战。

当代大学生的价值观正悄然发生着变化，归纳起来可以总结为三点：第一，大学生思想政治教育工作面临着外部环境、工作条件的深刻变化。第二，大学生思想意识生成特点、表现形式和传播规律的变化。第三；大学生思想观念、道德选择和价值取向的变化。上述这三种变化对于大学生价值观的形成构成了内外部挑战，并对大学生思想政治教育工作提出了更高的要求。

外部挑战是政治多极化与经济全球化并存。民族利益和阶级利益纷争决定了当代世界格局的基本态势。自冷战以来，西方敌对势力实行“和平演变”，各种形态的社会思潮纷至沓来，如在西方盛行的新自由主义思潮、生态社会主义思潮、后现代主义思潮、泛法律主义思潮等不断涌入我国，西方价值观念所推崇的个人主义、自由主义等影响着当代大学生价值主体由社会向个人主体转变，新自由主义思潮中反社会主义的主张动摇了一部分大学生对社会主义的理想信念，后现代主义思潮力图取消深度模式中的价值判断，消解一切意义、责任、价值和深度，主张放弃信念，放大对自由的无限追求。这些典型的西方社会思潮，快速渗透到我国高校校园，在很大程度上弱化了大学生的信仰追求、社会责任和参与度，大学生的价值观念越来越多地呈现出多样化的特点。此外，我国社会主义市场经济改革逐步深化，分配方式、经济成分以及就业方式的多样态导致大学生意识形态和价值取向多元化；加之网络和大众传媒的某些负面影响，容易使大学生因缺乏一个居于核心地位的价值观引领而失去分辨是非的能力。因此，构建大学生价值观势在必行。

内部挑战是大学生凭借自己的能力去分析、判断和选择，最终形成科学的价值观绝非易事。处于大学时期的青年，他们的世界观、人生观和价值观都在形成的关键期，善于观察与思考，内心又存在着一定的敏感和脆弱，容易在纷繁复杂的价值观选择中迷失自我。当代大学生以“00 后”为存在主体，主体意识越来越强，对于呈现出的价值观“菜单”，他们既不完全拒绝，也绝不全盘接纳，而是出于自身的主观需要，对价值观内容进行整合内化。这也势必造成高校大学生价值观的多元化，需要一个处于核心指导地位的价值观来化解矛盾冲突，统领青年思想。另一个不容忽视的问题是，在社会矛盾凸显、竞争压力较大、应试教育主导、网络依赖成瘾等环境背景下，大学生的心理健康状况并不乐观。理想与现实的冲突，计划与行动的脱节，学业压力、人际矛盾、家庭关系等各方面因素导致学生出现不同程度的心理问题，让社会、学校、家庭承受沉痛的结果。提升国民心理健康素质的需求得到中央的重视高度，加强大学生身心健康素质势在必行。而大学生出现种种心理问题的深层原因，大多是价值观缺失、理想信念缺失、自我认同感低等，形成了一种没有具体病因的"空心病"。目前，心理学界的关注点不约而同地聚集到大学生价值观重塑问题上来，就问题的本质进行透视研究，这也是本书现实意义的一个视角反映。

第二，三大潮流带来的多元文化语境分析。

随着科技的高速发展，市场经济在全球疾步前行，商品、技术、信息和人才等生产要素在全球范围内自由的流动，全球性的工厂产出世界性的产品，逐渐成为一种常态。世界上每一个民族都必将接受全球化、市场化和信息化这三大潮流的洗礼，接受它们带来的经济、政治和文化等方面的冲刷洗礼和交融碰撞。三大潮流的自然衍生物——多元文化，对于大学生价值观的塑造产生了重要的影响。多元文化的优缺点都十分突出。首先，它引发多元社会思潮，促进不同文化融合，打破故步自封的原有思想，激发创造力。其次，作为文化的核心，文化的多元也造成了价值的多元化，因此，这个时代逐步变成了一个价值多元化的时代，在一定程度上对民族文化、主流文化和传统文化造成冲击，一定程度上导致了人们价值取向的功利化。大学生作为一类特殊的社会群体，受到自身成长特点和周围环境因素的影响，他们对各类观念与文化价值都很敏感，容易出现价值取向的偏颇和行为失范等问题。我国实行改革开放以来，大学生的价值观出现了三个阶段特征，由 20 世纪 80 年代的一元主导，到 90 年代的多元并存，再到 21 世纪以来的一元主导与多元冲突，发生了诸多变化。西方的多元文化困扰着大学生的精神世界，这必然影响其文化价值观念。审视这种复杂性和艰巨性，我们需要对多元文化和大学生价值观做出客观的分析和准确的结论，寻找大学生正确的价值取向和重构价值体系的切实可行的有效途径。此外，努力构建良好的高校文化生态系统，在复杂多变的国内外文化背景下，建立具有崭新形态、适应时代发展并反映历史走向的价值观内容体系，意义深远。

第三，大学生思想政治教育科学发展的根本要求。

科学发展是我国意识形态建设的目标指向，也是思想政治教育理论及实践发展的根本追求。进入 21 世纪以来，我国提出了"把科学发展观贯穿于发展的整个过程"的要求，十七大报告明确提出要"增强社会主义意识形态的吸引力和凝聚力”的目标，要求我们站在新的历史起点上对思想政治工作科学化进行深入思考。用科学的理念、科学的态度和科学的方法从理论和实践两个层面开展大学生的思想政治教育。

首先，思想政治科学发展要求构建大学生价值观。大学生思想政治教育科学化要坚持马克思主义人生观、世界观和价值观的育人根本；要从实际出发，发挥学生的主体作用，体现客观规律性；要从整体大局出发，务实发展富有创新性；要充分体现实践要素，并体现时代性[①]等。这些具体要求的满足，需要我们对大学生价值观进行探索和研究，在社会主义意识形态领域，主动占领制高点，用共性的、主导的价值观来凝聚青年、引领青年，从而激励大学生的积极性、创造性和奉献精神。

其次，在构建大学生价值观的过程中也要时刻遵循思想政治教育科学化的客观规律。需要从实践维度充分认识大学生群体的五大特点，进而对价值观内容进行凝练：第一，当代大学生是由时代和环境共同塑造的群体。在世界多极化、经济全球化和文化多元化的时代背景下，我们能够在政治、经济、社会各方面环境影响中感受到当代大学生的时代性特点，从而进一步增强时代环境教育的影响力，创造良好的道德舆论氛围和社会风气。第二，当代大学生是健康向上的群体。他们具有较强的纳新意识、自主意识、平等意识和公民意识，同时渴望被他人尊重、理解和信任。第三，当代大学生是可以用主流价值观教育引领、可担重任的群体。用科学的理论体系和指导思想来教育引导大学生，目的是引发大学生情感共鸣，用理论体系和核心价值观的感召力，以实现将大学生率先培养成优秀公民的目标。第四，当代大学生是需要尊重、信任和维护的群体。马克思主义关于人的发展思想的最高境界即教育的核心是人。在大学生教育过程中，必须正视并倾听学生的诉求，关注到每位学生的独特性和差异性。特别尊重学生的主体地位，了解其主体诉求，以激发其创造力。第五，当代大学生是能够实现自我教育、自我成长的群体。进入大学后，面对独立的空间和时间，自主性是大学生面临的机遇和挑战，我们所谈到的“三自”教育，即自我教育、自我管理、自我服务，就是主张发挥学生自身的主动性和自律性，实现个体价值的最大化，进而提升大学生的责任感和民主意识，体现个人对社会的贡献增量。

---

① 参见白显良：《推进思想政治教育科学化的几个问题》，《思想理论教育》2011 年第 21 期。

第四，社会主义核心价值体系建构的有机组成。

党的十六届六中全会提出的建设社会主义核心价值体引发社会广泛关注。胡锦涛在 2007 年 6 月的一次重要讲话中倡导大力开展社会主义核心价值体系建设，巩固全党全国人民团结奋斗的共同思想基础。社会主义核心价值体系的基本内容蕴含指导思想、共同理想、民族精神和时代精神、社会主义荣辱观等四个方面，他们相互联系和贯通，辩证统一于同一有机整体中。党的十七大报告提出融社会主义核心价值体系于精神文明建设全过程，自觉转化为群众的追求。整合价值观念和社会思潮，进而使社会主义核心价值体系转化成为各阶层的精神诉求，以真正实现全民自觉，这已经成为党、政府以及全民的共识。[①] 十八大以来，《关于培育和践行社会主义核心价值观的意见》的出台，明确了社会主义核心价值观培育践行的重要意义、指导思想和内容方法，并进一步提出了“24 字”社会主义核心价值观具体内容，特别将“爱国、敬业、诚信、友善”作为现代公民的基本要求，各行各业特别是高校陆续开展了优秀公民教育。大学生是国家建设和社会发展的中坚力量，处在价值观形成关键期的大学生价值观的构建具有重要意义。16 号文件(《关于进一步加强和改进大学生思想政治教育的意见》)指出：“当代大学生思想政治状况的主流是积极、健康、向上，但同时一些大学生不同程度地存在政治信仰迷茫、理想信念模糊、价值取向扭曲、诚信意识淡薄、社会责任感缺乏、艰苦奋斗精神淡化、团结协作观念较差、心理素质欠佳等问题”[②]，要以理想信念为核心加强和改进大学生思想政治教育需要，引导大学生树立正确科学的“三观”即“世界观、人生观和价值观”。凝练大学生价值观要以社会主义核心价值观为统领，围绕其主要内容展开，遵循其逻辑规律，体现科学性和完整性；同时，大学生价值观内容作为社会主义核心价值观的重要组成部分，将对其科学的践行发展提供有力的补充。

十九大召开后，国家继续深化培育和践行社会主义核心价值观要求。十九大报告中强调：“社会主义核心价值观是当代中国精神的集中体现，凝结着全体人民共同的价值追求。要以培养担当民族复兴大任的时代新人为着眼点，强化教育引导、实践养成、制度保障，发挥社会主义核心价值观对国民教育、精神文

① 参见李合亮、刘艳：《当代大学生核心价值观培育探微》，《学校党建与思想教育》2011 年第 2 期。

② 《中共中央国务院发出〈关于进一步加强和改进大学生思想政治教育的意见〉》，2004 年 10 月 15 日《人民日报》。

明创建、精神文化产品创作生产传播的引领作用，把社会主义核心价值观融入社会发展各方面，转化为人们的情感认同和行为习惯。”[①]2016 年 12 月，党中央召开了全国高校思想政治工作会议，并在会议上强调要坚持不懈培育和弘扬社会主义核心价值观。价值观是人生的“总开关”，能够帮助青年成长。“系好人生第一粒扣子”至关重要，这是高校承担的立德和育人的核心任务。

三、研究综述

（一）国内研究综述

在我国现代汉语中，“价值”一词是指事物的用途及积极意义。中国古典哲学涉及价值意义的焦点中在义利之争或者理欲之争上，直到今天在探讨国学精神的实质时，依然倡导儒、释、道三家的和谐思想，如儒家的重义轻利，主张道德价值高于物质价值；孟子提出“以仁为己”“舍生取义”，在义利观问题上体现了鲜明的重义轻利的价值取向。而这种教人做人做事、安身立命、树立正确的道德价值和人生观的国学精神，也是构建大学生价值观的基石。

在我国，大学生的价值观研究始于 20 世纪 80 年代，并逐渐成为高校思想政治教育理论研究的重要课题，研究成果较为丰硕。在哲学视野下解读或者使用文化生态概念的研究是从 20 世纪初开始，目前这个方向的应用和研究还处于起步和探索阶段，没有学者系统地对其进行总结和梳理。纵览我国国内与大学生价值观相关的文献资料，可以从研究过程、研究方法以及研究成果三个方面来归纳论述：

第一，从研究过程来看，不同时期重点不同。

在 80 年代，改革开放带来了中国的巨变，不仅促成了经济建设成就的取得，改善了人民的生活水平，更深刻改变了我们的生活、思维及行为等方式。大学生在迷惘痛苦中接受着时代的洗礼和考验，真正深刻的反思则来自对人生价值或人生意义的反问。1980 年 5 月，一封署名潘晓的读者来信《人生的路啊，怎么越走越窄……》发表在《中国青年》上，用沉重、茫然、激愤的笔触书写了人生的痛苦与创伤，开启了新时期人生观价值观的大讨论。这种痛苦反思的结果表明，代际价值观开始出现分化，一种建基于社会转型之上的、作为文化自觉的代共同体意识开始觉醒，青年价值观清晰地凸现出来，同时与成年价值观渐成相

① 《党的十九大文件汇编》，党建读物出版社 2017 年版，第 29 页。

对之势。[①] 国内学者关于大学生应持有的价值观态度形成了两大阵营，支持者认为社会必须尊重每一个社会成员的主体性，大学生对个人利益的追求存在合理性；反对者认为，大学生仍应坚持一元主导的价值观，即树立远大理想，艰苦奋斗，先人后己，为国家、社会和集体贡献全部青春和个人力量。如杨方提到："20 世纪 80 年代，改革开放后，思想文化界重新活跃，西方民主思潮和后现代主义思潮涌入校园，引起大学生价值观早期的迷茫，中期的盲目推崇和后期的无中心、无归宿。"[②]

1989 年以后的 10 年间，大学生价值观研究进入了重新整合期，很难重现 80 年代激烈大讨论的景象，先锋思想的碰撞和冲突越来越明显，西方主要的社会思潮已经逐步成熟并渗透到中国社会。在这样的时代大背景下，社会主流价值观发生了较大的转向，大学生价值观亦然。随着改革开放的深入和社会主义市场经济体制的完善，市场经济观念全面深入人心，不同群体却逐步接受和奉行着市场社会里通行的价值观念；价值观多元化特点日益显著。特别是后现代主义价值观影响力增强，消解一切的深度、价值和意义，世俗化、理想主义和集体主义倾向不断变弱，相比之下功利化倾向不断增强。同时，大学生经历了思想的狂热和历史的动荡后，开始将视角再一次转向现实，关注、关心、解决现实问题成为主流观念，低调与务实是这一时代大学生的突出表征，心理状态趋于稳定。在学界的理论研究中，对大学生的价值观研究以批判和引导为主要特色，进入了多元价值并列的时代。

进入 21 世纪以后，随着全球化、市场化和信息化三大潮流的不断影响，全球的政治经济格局发生了深刻而敏感的变化；同时，中国社会改革的深度和广度也达到了前所未有的程度。处于新世纪的大学生，价值观特点呈现出一元主导、多元冲突的特点。处于当代的大学生没有太多的历史负累和生存压力，拥有更充分的自由发展空间。他们自主意识强烈，具有快速准确的信息捕捉能力，国际视野开阔，创新思维活跃。在见证了"非典""汶川强震"等国家面临巨大灾难的时刻，青年表现出的精神面貌，表明他们已成为"在改革开放中成长起来的新一代青年，是热爱党、热爱祖国、热爱人民的一代，是充满理想、大有希

---

① 参见于俊如、史佳华:《改革开放以来大学生价值观的变迁与启示》,《思想理论教育》2009 年第 1 期。

② 杨方:《社会转型期大学生价值观的嬗变——以 20 世纪 70 年代末至 21 世纪初为例》,《北京青年政治学院学报》2010 年第 4 期。

望、值得信赖的一代”[①]。这说明，在复杂多变的国际环境下，在多元文化影响下的当代大学生价值观正处于更理性、更客观的新的建构发展过程中。他们的价值取向更趋向于自我实现和社会服务的平衡发展、和谐统一。但是不可否认的是，大学生中仍广泛存在价值观分化、模糊、错位或者失衡的现象，在对当代大学生价值观现状分析方面，很多学者提出了自己的看法：有学者提出了现代化进程的目标参照与价值坚守的矛盾、价值理性诉求与社会现实中价值倒错的矛盾、社会主义核心价值的探索性与价值选择相对稳定性的矛盾等[②]；在分析当代大学生价值观现状的同时，部分学者提出了要对大学生价值观进行整合与重构，并将其作为高校思想政治教育科学化、细致化的核心要素，并提出了具体的实践路向。张志样在文章《当代大学生价值观的特点》一文中，指出了21世纪初我国高校大学生价值观的主要特点。[③] 金盛华等运用自编的《大学生价值观调查量表》在大学生之中开展问卷调查。调查结果表明，大学生的个人目标可根据重要性依次排序为工作成就、自身修养、荣誉地位、金钱物质。金盛华和辛志勇进一步指出，对于未来中国价值观的研究应强调建立概念共识，强调方法的多元化和历时性追踪研究，并重视价值观和行为的关系探讨及价值观教育问题。[④] 杨方认为：“2000年以后，世界各种思潮和理论的大量传入、交汇和融合，一方面促进价值观的趋同，另一方面突出了对个人的尊重，集体主义价值观被赋予新的内涵，在尊重集体前提下，把集体作为实现个人目的的手段的观念被不少人接受。”[⑤]

借用文化生态学的理论来分析我国大学生价值观的文献资料非常少见，相关度最高的是才华等于2011年发表在《河北师范大学学报》上的文章《文化生态视域下我国当代大学生价值观的整合》。这篇文章就价值观整合的原则及其渠道进行了相关论述。其他的国内学者大多在文化生态危机方面展开研究，如《著名学者张汝伦谈——大众文化霸权与文化生态危机》一文指出：“大众文化的过度泛滥已导致了中国文化生态的失衡。”[⑥]梁渭雄等则把文化生态看作“各

① 李长春：《在发展中国特色社会主义的伟大征程上创造新的青春业绩》，2008年6月10日《中国青年报》。

② 参见桑业明：《论构建大学生核心价值观面临的矛盾及解决》，《思想教育研究》2010年第12期。

③ 参见张志祥：《当代大学生价值观的特点》，《青年探索》2000年第3期。

④ 参见金盛华、刘蓓：《当代中国工人价值取向：状况与特点》，《心理科学》2005年第1期。

⑤ 杨方：《社会转型期大学生价值观的变迁》，《青年政治学院学报》2010年第10期。

⑥ 张汝伦：《大众文化霸权与文化生态危机》，《探索与争鸣》1994年第5期。

种文化类型和文化因素相互影响、相互冲突、相互融合”[①]的关系。方李莉从整体的角度“把人类文化的各个部分看成是一个相互作用的整体,而正是这样相互作用的方式才使得人类的文化历久不衰,走向平衡”[②]。

对于当代中国大学生价值观的研究在上述时代背景和文化生态视域下展开是顺理成章的,且具有必要性和紧迫性。文献资料中真正出现以“大学生价值观”为关键词的研究是在2007年以后,中国共产党在十六届六中全会便明确提出,要开展建设社会主义核心价值体系的相关工作,党的十七大报告更是将“切实把社会主义核心价值体系融入到国民教育和精神文明建设全过程,转化为人民的自觉追求”纳入核心价值体系的首要建设议程,依据社会主义核心价值体系具有的宏观指导性,要带动不同社会阶层、不同行业领域的人都从这一体系要求出发,则需要针对不同的公众群体的特点,培育构建契合不同阶层和民众的价值观念。十八大以来,习近平总书记指出:“人类社会发展的历史表明,对一个民族、一个国家来说,最持久、最深层的力量是全社会共同认可的核心价值观。”[③]研究综述大学生价值观的文献,将分类在后面谈到的研究成果中详细展开。

第二,从研究手段来看,不同方法效果不同。

在当代大学生价值观研究的过程中,研究手段的多样性是其重要的特点。归纳来看,主要以规范分析法和实证分析法为主。规范分析主要从马克思主义哲学思维角度进行分析,突出强调了研究的逻辑性和学理性,如,韦滢等用建构主义的视角对大学生价值观进行构建[④];以研究不同价值取向与价值观的冲突为重点的文章,分析在文化冲突视野下如何培育大学生的价值观,强调突出马克思主义在文化发展中的领导权地位[⑤]。实证分析主要从调查研究入手,集中所能采集和整理到的资料进行统计分析,得出更具事实依据的研究结论。在实证研究中,学者们主要通过量表对大学生的价值观进行测量:徐国强和王晨燕两位学者于2001年6月开展了一次大学生价值观调查和统计分析,同时也对

---

① 梁渭雄、叶金宝:《文化生态与先进文化的发展》,《学术研究》2000年第11期。

② 方李莉:《文化生态失衡问题的提出》,《北京大学学报》2001年第3期。

③ 中共中央宣传部:《习近平总书记系列重要讲话读本》,学习出版社、人民出版社2016年版,第189页。

④ 参见韦滢、李开学、袁尚伟:《论建构主义视阈下大学生核心价值观的构建》,《贵州大学学报》2011年第2期。

⑤ 参见冯艺:《论文化冲突与大学生核心价值观培育》,《经济与社会发展》2011年第4期。

各类型和各层次的学生进行了个别访谈，最终形成了基于调查报告的相关对策分析[①]；彭晓玲等学者则通过使用大学生人格问卷（UPI）和自制的价值观问卷进行了调研，分析出大学生价值观与心理健康的相关性[②]；刘绍怀学者曾多次对大学生价值观发展变化的情况进行调研，以期分析各个阶段我国大学生价值观的变化及特点[③]；蒋晓丽等统筹大学生运用新媒体的行为表现，以实证调查的方式展开分析，研究探索高校利用新媒体培养大学生价值观的"交互"机制，推动新媒体和教育主体间广泛深入的交往互动[④]；台建丽撰写的硕士论文《大学生所持的与文本期望的核心价值观之比较研究》通过问卷调查对当代大学生所持有的价值观进行提炼分析，调研设计严谨规范、科学全面，具有较高的参考价值。

第三，从研究成果来看，不同视角观点不同。[⑤]

与当代大学生价值观相关的文献资料主要出现在2008年以后，著作、论文都陆续出现，数量相对较少，研究的角度和侧重点也各不相同，比较系统、全面的研究成果较为鲜见，再以文化生态学作为分析视域的文献和成果更为鲜见。

在著作方面，出版的多以"青少年主流价值观"为关键词，对于青少年的价值观进行微观层面的心理学角度探究[⑥]；有的学者以多元文化为背景，对当代大学生的价值观培养作了系统的分析，如对于价值观及其理论基础、多元社会与多元文化、多元文化对青少年价值观形成影响调查、青少年现代依赖关系表现、青少年价值观扭曲的异常行为等现状进行了描述和分析，分析角度也是侧重于微观心理学[⑦]；冯建军则以多元文化为背景，运用调查研究的方法揭示了当代中小学生学习、交往、消费、闲暇的生活方式和价值观的实际状态，探讨了多元文化背景下学生生活方式和价值观的新发展、新问题，虽然研究主体是中小学生，

---

① 参见徐国强、王晨燕：《大学生价值观调查分析及教育对策》，《河北师范大学学报（教育科学版）》2002年第6期。

② 参见彭晓玲、周仲瑜、柏伟、熊磊：《大学生价值观与心理健康相关性调查分析》，《重庆科技学院学报（社会科学版）》2005年第2期。

③ 参见刘绍怀：《当前中国大学生价值观变化特点及对策探讨》，《云南财贸学院学报》2003年第1期。

④ 参见蒋晓丽、董子铭、曹漪那：《新媒体培养大学生核心价值观的交互机制研究》，《湘潭大学学报》（哲学社会科学版）2010年第5期。

⑤ 参见台建丽：《大学生所持的与文本期望的核心价值观之比较研究》，南京师范大学硕士论文，2010年。

⑥ 参见岑国桢编：《青少年主流价值观：心理学的探索》，上海教育出版社2007年版，第3～21页。

⑦ 参见林岳新：《多元文化背景下青少年价值观培养研究》，中国社会科学出版社2011年版，第10～170页。

但是他的实证研究方法值得借鉴①;2011 年出版的由徐园媛等所著的《大学生价值观教育接受机制构建》,从时代背景及意义、哲学角度探讨理论、构建原则及方案、机制运行的中介和实施等方面展开了论述②;此外,2012 年出版的由李文信编著的《大学生价值观教育创新论》则是围绕着大学生价值观的"创新"问题展开研究,如用什么来指导创新、创新的重大意义、在什么方面进行创新、如何创新等核心问题,进行了系统的阐述③。文化生态学相关研究的著作大概有李晓文著的《青少年发展研究与学校文化生态建设》,书中仅在第四章涉及学校文化生态建设的基本观点和构建,全书的分析对象定位为中学时期的青少年群体;徐书业在 2009 年出版了《学校文化建设研究——基于生态的视角》一书,以生态观来看待学校文化建设,着重在学校文化的生态属性、生态危机和优化生态环境等方面进行了论述;比较有参考意义的一本书化生态著作是陈长杰等编著的《创新文化生态系统研究》,虽然该书的研究对象是创新文化,但是所提出的文化生态研究视角、文化生态系统的属性和功能分析极具学术价值,是本书参考的重要著作之一。

在学位论文方面,现有的学位论文资料中,以"大学生社会主义核心价值观"为主题词进行研究的硕士论文大概十几篇,博士论文 1 篇,相关度和参考价值不高。以"大学生价值观"为题进行综合论述的研究生学位论文非常少见,博士论文尚未出现,硕士论文 3 篇,"中国优秀硕士论文全文数据库"中未发现一篇。这些学位论文立足的学科不同,如基础心理学、传播学、发展教育心理学以及思想政治教育学等,并以后两者居多,论文的完成时间集中在 2008～2010 三年间。具体看来,李纪岩博士在《当代大学生社会主义核心价值观培育研究》一文中主要论述了加强研究的意义、科学培育目标的确立、创新的思路与方法、长效机制的建立等方面;台建丽从基础心理学的角度,撰写了题为《大学生所持的与文本期望的核心价值观之比较研究》的硕士论文,以实证分析的研究方法对大学生的核心价值观现状作了问卷调查和分析,并据此分析结果与文本、政策研究制定出的期望价值观进行比较分析,对当代高校价值观教育提供了启示;

---

① 参见冯建军:《差异与共生——多元文化下学生生活方式与价值观教育》,四川教育出版社 2010 年版,第 40～167 页。

② 参见徐园媛、廖桂芳、苏洁主编:《大学生核心价值观教育接受机制构建》,西南交通大学出版社 2011 年版,第 1～65 页。

③ 参见李文信:《大学生核心价值观教育创新论》,阳光出版社 2011 年版,第 29～256 页。

孟晓丽作为思想政治教育专业的硕士生，撰写了《当代大学生价值观构建研究》一文，立足核心价值观对大学生的影响，审视分析了当代大学生各种价值观(如人生、道德、职业、婚恋)，并确定了社会主义核心价值观对大学生价值观扮演着引领者与指导者的角色，文章结尾部分就当代大学生价值观构建的路径选择展开了分析；传播学硕士吕弘瑾以廊坊市某所高等院校为例，研究了大众传媒对大学生价值观塑造的影响，也是通过了实证调查研究的方法，分析了不同媒介形态对大学生价值观的塑造带来的不同影响，并提出了自己的对策建议。

在期刊论文方面，核心期刊及 SCI 来源期刊中，关于大学生价值观教育的文章大概 16 篇，一般性的期刊约 30 篇，因为受到研究角度和文字篇幅的限制，大多数的期刊论文只从概述和浅议的角度谈了对大学生价值观构建的一系列问题。文化生态学研究的期刊论文大概 10 篇，与高校文化建设和德育建设相关的文章只有数篇，其余的多以对文化生态学的宏观角度进行论述，如对国外文化生态学进行介绍、对文化生态学学科的定义、原理进行研究等。

综合上述三类研究资料类型，从不同的研究角度出发，关于大学生价值观研究成果可以归纳为以下四点：

第一，关于大学生价值观研究方法论方面。在凝练大学生价值观时，要借鉴恩格斯当年批判杜林的“原则在先”的理念，必须与成熟的实践调研相结合，并给出了具体的凝练技术路径和表达方式①；有学者认为当代大学生价值观的凝练可以从大学生自身的特点、社会需求以及现实中的问题等三个维度进行探讨②。

第二，关于大学生价值观存在的问题研究。有学者针对西方后现代主义思潮对当代中国大学生价值观念带来的价值观体系冲突、失范和认同危机进行了分析③；有学者以核心价值观的功能切入，分析了当代大学生奋斗目标、做人标准、生活意义的迷失④；很多学者从多元文化的视角下分析了大学生价值观存在的问题和信仰缺失问题⑤。

---

① 参见邱柏生:《大学生核心价值观凝练的方法论思考》,《思想理论教育》2012 年第 11 期。

② 参见孙丹薇:《当代大学生核心价值观凝练的三个维度》,《思想理论教育》2012 年第 11 期。

③ 参见寇晓燕:《后现代语境下大学生核心价值观的认同危机与对策思考》,《重庆科技学院学报(社会科学版)》2011 年第 8 期。

④ 参见郑雅维、赵伟:《大学生核心价值观的迷失与构建》,《北华航天工业学院学报》2010 年第 1 期。

⑤ 参见吴岳军:《多元文化语境下大学生核心价值观的建构》,《学校党建与思想教育》2010 年第 11 期。

第三，关于大学生价值观内容体系的研究。阐明基本内涵：如："坚定信仰、学以报国、崇尚真理、明荣知辱"（杨志臣）[①]；"求真、爱国、创新、自强、诚信"（田海舰）[②]等。

第四，关于大学生价值观的其他视角研究。通过志愿服务这一重要载体和实现途径开展大学生价值观教育；要加强高校社团组织文化建设，作为培育大学生价值观的重要途径。[③] 用国学精神经久不衰的生命力来照亮大学生价值观体系建立；网络文化作为第四媒体，深刻影响了大学生的生存和思维方式，产生了积极和消极的影响，要坚持构建和谐的网络文化服务于大学生价值观的培育。

（二）国外研究综述

国外关于价值观的研究自 20 世纪 30 年代开始，涉及诸多学科，如哲学、社会学、教育学、心理学、伦理学、经济学等，都尝试在价值观领域以不同的视角开展理论和实践探索。国外研究者从价值观的涵义、分类及测量方法等几个方面进行了系统的分析。如，Rokeach 认为，价值观既是一种持久的信念，具有动机功能，又是一种具体的行为方式，不仅具有评价性，还是具有规范性和禁止性；他把价值观分为经济的、审美的、宗教的、知识的、社会的、物质的、政治的、专业的、道德的和情感的 10 类。其研究认为，价值观具有终极性和工具性两个维度，并将价值观分为工具性价值观（instrumental values）与终极性价值观（terminal values）两类[④]；在实证分析方面，国外学者偏重于价值观的微观研究，比较有代表性的有 Schwartz 等人（1992，1994，1995）共同编制出的"Schwartz 价值观调查问卷"，该问卷包含了 57 项价值观，用以代表 10 个普遍的价值观动机类型，分别是"自我定向、刺激、享乐、成就、权力、安全、遵从、传统、慈善、普救主义"[⑤]。此外还有劳瑞 · 思克里纳（Laurie Schreiner）和斯蒂芬妮 · 朱丽叶特（Stephanie Juillerant）于 1993 年设计的《大学生价值观度量表》（The Student

① 杨志臣、卢春迎：《大学生核心价值观的基本内涵浅析》，《中国科教创新导刊》2011 年第 7 期。

② 田海舰、杜晓雷：《社会主义核心价值体系视域下大学生核心价值观的构建》，《河北大学成人教育学院学报》2011 年第 1 期。

③ 周勇、郭根荣：《当代大学生核心价值观的培育途径》，《人民论坛》2010 年第 14 期。

④ 参见 M. Rokeach, *The Nature of Human Values*, New York: Free Press, 1973, pp. 358-361. Schwartz. S. H. , Bilsky. W. , "Towards a Universal Psychological Structure of Human Value,". *Journal of Personality and Social Psychology*, 1980(53), pp. 550-562.

⑤ 杜鹃：《中外价值观研究的现状及发展趋势》，《济宁学院学报》2009 年第 6 期。

Satiafaction Inventory)。

近20年来,西方社会日益关注价值观在学生发展过程中所起的引导作用,并通过一系列案例调查、计量研究等方法试图探索大学生价值观的变迁,当代大学生价值观构成要素以及在大学生价值观形成过程中,教育(包括社会、学校、教师等个层面)所发挥的全部影响力。关于国外高校对大学生价值观的系统研究,文献资料尚不多见,笔者找到了十几篇文献资料,大概翻译出了以下思想,如佛罗里达州立大学道尔顿和克罗斯比教授指出,在美国社会教育与宗教日益分离的今天,大学将教育重心越来越多地放到道德价值观树立与大学生人格培育方面。大部分教育机构都将包容、尊重、责任以及勤奋作为核心原则进行宣传,以期减少学术欺骗、体坛丑闻、种族歧视、性骚扰等令人担忧的社会状况,改善大学生日趋明显的纳粹主义、物质主义和消费主义倾向。如加州州立大学商学院就曾对院生设计了一份高要求的承诺书,包括尊重、诚实、团结、守信以及责任,并要求新生在入院时签字,以期他们日后在专业与学术道路上都以良好的指引原则约束自己。道尔顿和克罗斯还提出五种类型的人格培育,包括打击恐怖违法行为、提升社会鼓励的态度和行为、鼓励学术智力价值发展、促进个人全面发展、倡导公民责任心培育等。① 学者奥斯汀指出,大学教育不仅能帮助学生找到好的工作,还能帮助他们探索自身内在价值,响应社会号召,满足时代需求。但他的实验也指出,虽然大部分学生期待高等教育能够为他们的精神探索和个人成长提供更多机会,但现实往往低于他们的期望。所以在大学生将越来越多的兴趣投入探寻生活意义而非金钱的当代,高等教育机构更多地去关注大学生价值观树立和道德培育正变得越来越重要。② 美国国家大学生参与中心在2007年的一项调查中得出的结论是,正是大学生的内在自我构成了个人价值和追求,而这些因素极大的塑造和影响了他们的学术道路及成就,因而建议教育机构在学生专业实践和他们的信仰、价值观以及道德观之间建立更为直接的联系。③ 穆瑟与欧克在1992年设计了一套针对会计专业学生的"2×2"

① 参见 Jon C. Daltona and Pamela C. Crosbya, "Core Values and Commitments in College: The Surprising Return to Ethics and Character in Undergraduate Education," *Journal of College & Character*, vol. 12, no. 2(2011).

② 参见 Alexander W. Astin, Helen S. Astin, Jennifer A. Lindholm., *Cultivating the Spirit: How College Can Enhance Students' Iinner Lives*, San Francisco, CA: Jossey-Bass, 2011.

③ *National Survey of Student Engagement. Experiences that matter: Enhancing student learning and success*[R]. Bloomington: Indiana University, Center for Postsecondary Research, 2007.

价值系统测试，以研究学生价值取向分类。根据学生对不同指标的打分，将他们大致分为四种类型，包括社会指向型（关注他们，包括世界和平、家庭安全等指标）、个人指向型（关注自身，包括舒适生活、健康等指标）、道德辅助型（关注道德行为，包括诚实、忠诚等指标）以及能力辅助型（包括雄心、能力、勇气等指标）。细类的划分有助于教师认识到不同类型学生的优缺点，引导个人努力方向，以便学生最终成功地实现个人价值。①

显然，西方学者大多认识到价值观的树立在学生成长过程中起到了重要作用，也不断试图探索高等教育在引导学生树立正确价值观中可以扮演的角色，但高校和教师的作用难以精确量化，不同国家学生的价值观也深受不同国情、社会环境及教育模式的影响。虽然美国同我国存在社会制度、意识形态和国情等诸多差别，核心价值观的性质与内容也有着质的不同，但是美国在对大学生进行核心价值观教育过程中，在认知认同、情感认同、行为认同及环境认同方面积累了丰富的经验。②

国外研究主要受进化论、功能主义和环境决定论等理论的影响，其研究主要侧重于文化人类学，认为环境对文化起着决定作用，开辟了文化生态学研究的新视角。1955 年，斯图尔德发表了他的《文化变迁理论》，阐述了文化生态学的基本理念，被普遍认为是文化生态学诞生的标志，他主张相似的生态环境会产生相似的文化形态及发展线索，相异的生态环境则造就了多样的文化形态及发展线索，由此形成了世界上多种文化形态和进化道路。自此以后，文化生态学发展日渐成熟，研究者从人类学家、生态学家逐步扩大，更多来自工程学、社会学、教育学、传播学领域的学者开始加入研究者行列，研究的领域也朝上述学科方向多元化发展，特别是教育生态学、政治生态学已经有不少专著和论文问世。此外，一些学者将文化生态学和系统理论应用于艺术、网络语言、城市建设、语言使用等具体领域，充分体现了文化生态在具体、实际问题上的研究价值，对文化生态进行深入、系统的研究并加以更广泛的运用，极具意义。

（三）已有研究存在的主要问题及需要深化的几点思考

分析大学生价值观的现有文献，主要问题可以归纳为“三多三少”：第一，对

① 参见 Michael Akers and Tim V. Eaton.，Don E Giacomino. *Measuring and Changing the Values of Accounting Students*，Smithfield：Accounting Faculty Research and Publications，2004.

② 参见徐绍华：《美国大学生核心价值观认同教育的经验与借鉴》，《未来与发展》2011 年第 3 期。

大学生价值观历史演变的文献资料积累多，而具有充分划分依据并进行规律性分析的成果少。第二，采用规范分析法的成果多，而利用实证分析法进行研究的成果少。大多只解释了“因然”问题，却忽略了“实然”问题。第三，对大学生价值观某单一方面研究的成果多，而综合性、全面性和系统性的研究成果相对较少。而在文化生态视域下研究当代大学生价值观的相关文献则更是寥寥无几。具体来看：

首先，作为交叉学科的文化生态学的发展为高校思想政治教育和大学生价值观研究提供了全新的分析视角和坚实的理论支撑，但是综合目前现有的文献资料和研究成果来看，研究方法不够科学，在研究深度和广度上仍有欠缺，特别是文化生态学的系统性研究、创新应用方面有待提升。本书在文化生态学已有理论的基础上，结合应用领域的具体情况进行深入的分析，建立更加具有针对性、实效性的系统框架，提高理论的实践性和指导性。将文化生态学置于我国高校文化生长和繁荣的土壤，研究高校文化生态系统的基本要素、系统模型、功能体现、演变发展和建设的环境基础等问题，为进一步对当代大学生价值观的研究提供更加具体可靠的理论支持和来源。

其次，目前国内学者对我国大学生价值观研究大多以概念梳理、现状分析和目标培养为主，简单重复的研究多，基本观点一致。而在研究方法上，规范分析较多，实证分析鲜见，在设计调查问卷时缺乏科学性和代表性，往往将调研对象集中在在校学生，而忽略了教师群体和毕业生群体，调研结果的分析缺乏社会学的学科支撑，略显简单，缺乏说服力。此外，对我国大学生价值观研究的时空界定不清，虽然有些研究将其定位为“当代”中国的时间范畴，但是并未明确具体时间，本书则明确为改革开放以来大学生主流价值观的演变及规律，并结合政策文件和理论研究将其整个的发展过程创新进行阶段划分，力求寻找演变的规律和发展变化的脉络。

再次，对于我国大学生价值观内容的提炼和分析已经多次在之前的文献研究中出现，学者大多在我国核心价值体系的指导下提出了自己的看法，无论是提炼方法还是具体的内容概括都有体现。但随着2013年中央办公厅印发《关于培育和践行社会主义核心价值观的意见》，将我国核心价值观概括为“富强、民主、文明、和谐”国家层面，“自由、平等、公正、法治”社会层面和“爱国、敬业、诚信、友善”公民层面，之后对于各行各界的核心价值观凝练分析的研究越来越少，大学生价值观凝练的必要性和可行性是否还有学术讨论的价值？本书认为它还是有研究意义的，特别是在文化生态视域下，经过实证的分析和年代的梳理，创新提炼方法，尝试用集束式的方式，找到大学生价值观的“核心”词汇，并对核心词汇进行扩展延伸，具有一定的理论意义和现实意义。

最后，研究的落脚点还是如何对大学生价值观进行教育引导的机制化研究。已有的文献资料大多从显性课程培育和隐性课程培育方面进行论述，即充分利用第一课堂进行思想政治教育，并灵活利用第二堂课开展丰富多彩的校园文化活动来灌输和培育核心价值观。本书力图在教育引导大学生价值观的机制方面进行突破，从运行机制、保障机制、评估机制三个方面全方位进行系统、完整的分析，为大学生价值观的内化、养成、传递提供全面、科学、可持续的培育路径。

第二节　研究的思路与内容

一、研究思路

描述基本内容前需要厘清“四个明确”：第一，明确与大学生价值观研究相关的概念与理论依据，特别要交代文化生态与价值观的相关概念及关系。第二，明确大学生价值观形成的时空环境和研究的必要性、紧迫性。当代大学生价值观的变迁及构建能够而且理应置于文化生态视域下研究，并能更好地凸显其研究的依据与意义。第三，明确当前大学生价值观基本内涵的建构依据和研究方法。坚持以社会主义核心价值观为引领，以实证研究方法为主，走由部分向整体、由具体向抽象、由特殊向一般的研究路径。第四，明确大学生价值观研究的落脚点是接受机制和教育推进的研究。创新建立操作性强的长效教育培育机制，具体指导高校德育工作的开展。

二、研究主要内容

本着上述“四个明确”，本书的研究内容主要分为五部分：

第一部分：首先是对相关概念的界定和关系分析，对文化生态、价值观概念及相互关系进行研究，厘清文化、文化生态、价值观、核心价值观等概念和其相互关系。找到文化生态同价值观相关性的学理和现实依据，分清文化生态学和文化生态系统的关系，一个是学派理论，一个是现实基础，将文化生态系统作主客体的细分，明确系统涵盖的文化要素。在此基础上，对高校文化生态系统进行全面分析，尝试对高校文化生态系统的构成要素、系统模型构建、功能分析、环境制约等方面进行分析，证明在文化生态视域下分析高校的文化生态环境和大学生价值观构建的可行性、必要性。

第二部分：对改革开放以来我国大学生主流价值观的演变与规律进行研究。在我国文化建设实践和中央政策文件的归纳基础上，借鉴邱仁富等学者提出的文化体制改革"四阶段论"，提出自己的划分阶段和依据，并对于不同时期大学生主流价值观的不同特点进行概括分析，并找寻其变化发展的规律。

第三部分：实证分析。编制大学生价值观现状的问卷并进行分析。以社会工作学专业为技术基础，编制2套调查问卷，选取具有代表性的多所高校，对教师和学生进行调研，并采用描述统计分析和最小二乘法多元线性回归模型两种方法，通过SPSS和STATA数据分析方法进行分析，掌握我国当前大学生价值观的真实现状，形成真实有效的课题研究数据。

第四部分：对当代大学生价值观内容凝练研究。以我国社会主义核心价值观为指导，通过实证分析的方法对当前大学生价值观特征、表达方式作进一步研究。力求在高校文化生态系统中体现价值观的整合原则，体现大学生价值观的共享性、承启性、人本性和前瞻性等特点，探索以"集束式"表达当前大学生价值观。

第五部分：当代大学生价值观教育引导创新机制研究。基于之前研究的高校文化生态系统模型及要素分析，在多元、多样、和谐、共生、有序等方面着力建设，打造高校文化生态建设的基本理性模式，并在此模式下进行当代大学生价值观教育培育的运行机制、保障机制和评估机制研究，对高校德育工作科学化、人性化和系统化的发展做出积极尝试。

第三节 研究的方法

本书采用了规范分析与实证分析相结合、历史方法与逻辑方法相统一的研究方法，其中在个别章节的研究中贯穿了系统科学研究方法和跨学科研究方法。

首先，采用了规范分析和实证分析相结合的研究方法。规范分析法(Normative analysis)产生于20世纪60年代后期，由美国管理心理学家皮尔尼克(S. Pilnick)提出，主张对事物运行状态做出是非曲直的价值判断，再用自己的主观观点来描述。对于文化生态视域下大学生主流价值观的演变及规律分析、界定当前大学生价值观的蕴义等，参照使用了规范分析的方法。规范分析是为了明确文化生态、价值、价值观、核心价值观等概念的基本内涵与外延，作为研究的逻辑起点和评价依据。实证分析以实证调研为依据，对大学生价值观的研究不是停留在假设和想象的基础上的，也不是对现有资料的罗列提取，而是尊重大学生的主体性，并对一部分高校教师的价值观现状进行调查，并通过SPSS和STATA数据分析方法的使用，采用相关的数据模型和理论框架，分析我国当前大学生价值观的现状。逻辑分析的方法贯穿于整个研究的过程中，从研究思路、研究方法、研究内容和研究目的等方面充分体现了严密的逻辑性。针对大学生和大学教师的价值观现状和对社会主义核心价值观的认同度分别进行细致调研。调研计划覆盖驻济高校，涵盖重点本科、普通本科和高职院校大学生，在区域、类型和层次上具有代表性，具有较高的广泛性和科学性。在此基础上，结合语义分析、规范分析和逻辑分析，来实现文化生态视域下我国当代大学生价值观的变迁与构建研究。

其次，在研究中注重历史方法与逻辑方法的一致性。历史与逻辑相统一的研究方法注重对事物历史进程的考察，同事物本身内部逻辑发展规律两者要有机结合起来，是尊重事物发展规律的唯物辩证思维方法之一。对规律的把握应以历史的梳理为依据，在客观、全面分析历史进程的同时，提取出事物的本质。本书在对文化生态进行概念分析以及对高校文化生态现状研究中，积极采用了历史与逻辑相统一的方法，以概念分析等抽象形式再现文化环境各个具象的要素对大学生价值观的影响的必然性，通过一系列概念和范畴的逻辑关系表达，澄清文化生态的现实状态，说明其与价值观两者的同一性关系。此外，研究当代大学生价值观的演变与规律，必须对改革开放以来政府关于文化建设重要的政策文件进行梳理，对大学生在文化体制改革进程中的实践加以总结，从中探索大学生价值观变化规律，找寻与社会变革产生的共振，为进一步归纳凝练科学的、有共性的大学生价值观的内容体系提供依据。

最后，本书的个别章节采用了跨学科的研究方法和系统科学方法。跨学科研究法在目前的研究方法中是讨论和应用的热点方法之一。“跨学科”一词最早出现在20世纪20年代美国，等同于“合作研究”，主张采用多个学科的理论和方法，从而实现对问题的整合性研究，又称“交叉研究法”。在本书中，“跨学科”方法运用在理论借鉴、方法交叉两个层次上：全文的理论基点“文化生态学”本身就是一门新兴的交叉学科，将生态学的基本原理和规律应用到文化现象的研究解读上面，又用“文化生态学”的理论视角来对价值观这一成熟的研究领域求借，体现了不同知识和层次的互动与渗透。系统科学方法的运用主要体现在对高校文化生态系统研究部分。在系统科学法看来，主张把研究对象放在系统的框架下，用开放、动态的角度来分析系统的要素构成、各要素之间的存在关系、系统内外的环境作用等，通过对研究对象的系统化分析，优化问题解决的思路和方法。在高校文化生态系统研究中，构建了高校生态系统模型，对于构成要素进行了分析和说明，论述了系统内外环境，最后对系统的功能进行了补充说明。

第四节 研究的创新之处及难点

一、研究的创新之处

本书在借鉴他人研究成果的基础上试图作出一些创新，概括说来有三点：

第一，研究角度的创新。在现有的文献资料中，全面、系统地分析我国当代大学生价值观的研究并不多见，而以文化生态为视域分析当代大学生价值观的只有数篇论文可参考，且并未深入分析和界定文化生态系统的概念和构成，对大学生价值观的描述比较模糊。同时，广角式的研究也满足了当代中国大学生价值观研究“纵向深入”“横向拓宽”“工具得力”的三个要求。

第二，研究方法的创新。调查问卷设计本身不是创新的实证研究，但是本书在设计和编制大学生价值观问卷的过程中做到了以下的创新：问卷设计为教师问卷和学生问卷两种，从学生自身和教师两个角度对这一问题进行研究分析，体现了教师群体特别是青年教师通过课堂教学对大学生价值观的影响因素分析。增加新的测量问题，包括：地区、城乡、性别、党员身份。研究方法上如OLS多元线性回归分析的使用、交互效应分析说明、采取特定的抽样方法使样本更加具有代表性、与CGSS数据结果相互检验，这些科学、细致方法的采用确保调查结果更加准确可靠。

第三，研究结果的创新。在文化生态研究视域下，本书对于改革开放以来大学生主流价值观的阶段划分和演变规律分析将具有一定的创新意义。此外，十八大以后对于社会主义核心价值体系做出了突破性研究，形成了国家、社会、公民三个层次“24字”的核心价值观概述，但对于高于公民素质要求的当代大学生而言，凝练大学生价值观具有一定的理论和实践意义。最后，本书还将分析高校文化生态建设的基本理性模式，对高校文化生态做了系统性研究，构建了模型，并在此基础上对于大学生价值观的教育引导机制进行探索，在运行机制、保障机制和评估机制等方面力求突破现有研究的框架，形成创新机制研究。

二、研究的难点

文化生态系统属于一个全新的交叉学科范畴，需要有综合全面的知识储备和文献资料，目前现有的资料并不丰富，特别是国外的文献资料和相关研究较为缺乏，如何将文化生态学的理论研究应用到大学生价值观构建中，比较吃力；在实证调研过程中，对于问卷的设计、样本的采集量和分布需要斟酌，力求实现调研结果的科学化和真实性；在中央提出“24字”社会主义核心价值观内容后，如何在其统领下对于大学生价值观内容进行凝练和表述具有一定难度，需要在创新和传承之间把握好尺度。

第一章　价值观与文化生态系统的基本问题

本章旨在对相关概念进行界定和分析，厘清概念之间的相互关系。阐述价值观和高校文化生态相关性的学理和现实依据，并深入分析我国目前高校文化生态建设的现状，包括取得的成就和存在的问题，证明在文化生态视域下构建大学生价值观的必要性和重要性。

第一节　主要概念的厘定

对文化生态与大学生价值观构建进行研究，必须首先对相关概念进行界定和分析，厘清文化、生态学、文化生态、价值观、核心价值观等概念和相互关系。在此基础上，才能对高校文化生态系统进行全面分析。

一、文化

文化是人类赖以生存的精神家园，是民族和国家赖以生存和发展的精神支柱，越来越成为民族创造力、凝聚力和生命力的源泉，在经济社会进步中发挥着越来越重要的作用。源远流长、博大精深的中华文化，是全面建成小康社会、实现中华民族伟大复兴的强大推动力。

文化包罗万象，具有极其丰富的内涵和外延意义，是一个极其复杂的范畴。对于“文化”这一概念进行界定，本身也是个极具争议性的学术话题。历来，对于文化的定义层出不穷，众说纷纭，无数文化学家、人类学家、历史学家、哲学家从不同的角度、范围和层次出发对“文化”这一概念进行界定，迄今为止也没有得出一个精确、公认的答案。美国著名文化人类学家克罗伯和克拉克洪在其共同著作《文化，概念和定义的批判回顾》中曾对文化的定义进行统计和梳理：1871～1951年这80年间，仅欧美国家关于文化的定义就有160余种，文化定义的差异性和丰富性可见一斑。

据考证，"文""化"二字是汉语系统中自古就有的词汇，最初各有独立的概念。"文"与"化"并联使用，初现于战国末年的《易传・贲卦・象传》，"刚柔交错，天文也；文明以止，人文也；观乎天文以观时变；观乎人文以化成天下"。"天文"指自然运行规律，"人文"指人类社会规律。该句指治国者既要遵循自然运行规律，又要把握社会伦理纲常，以教育感化的方式治理天下。此处的"文""化"与"武功"相对，本意是文治教化之意。西汉以后，"文化"一词正式出现。如"凡武之兴，为不服也，文化不改，然后加诛"（《说苑・指武》），"文化内辑，武功外悠"（《文选・补之诗》）等。可以看到，在汉语系统里，文化的本意就是以文教化，与采取军事手段相对，以教育感化的方法治理天下。

"文化"的德文为cultur，英文和法文均为culture，来源于拉丁文cultura一词，它有耕种、居住、联系、注意、精神等含义，既有种植、栽培的本义，又有培育人格、陶冶性情的引申义，涵盖物质和精神两个方面。1871年，有"人类学之父"称号的英国著名学者爱德华・泰勒（Edward Burnett Tylor）在其代表作《原始文化》（*Primitive Culture*）中讲道："文化，或文明……是一种复杂丛结之全体。这种复杂丛结的全体包括知识、信仰、艺术、法律、道德、风俗，以及任何其他的人所获得的才能和习惯。这里所说的人，是指社会的一个分子而言的。"[①]这一定义成为学术界公认的文化学上的经典定义。

纵观"文化"的概念，可以总结出，只有人类才能创造文化，不同人类群体在不同时期创造的文化也是不同的。笔者赞成陈炎对于文化的定义，"所谓'文化'，是指人在改造客观世界、在协调群体关系、在调节自身情感的过程中所表现出来的时代特征、地域风格和民族样式。"[②]

二、生态

从词源上看，"生态"一词由希腊文派生而来，有"住所，家园"之意。此处的"家园"是指人类赖以生存的大自然。而生态学（ecology）由希腊文词根"oiko"

① 殷海光：《中国文化的展望》，中国和平出版社1998年版，第29页。

② 陈炎：《"文明"与"文化"》，《学术月刊》2002年第2期。

和“logos”演化而来，前者表示住所，后者表示学问。因此，从字义上讲，生态学是研究生物居住环境的科学。1866 年，德国生物学家 E. H. 海克尔在其所著的《普通生物形态学》(*Generelle Morphologie der Organismen*)一书中首次定义了生态学(ecology)的学术概念，指明生态学是研究生物体在生活过程中与其周围环境(包括生物环境和非生物环境)关系的学科，生态学发展由此拉开序幕。此后，诸多学者从不同的研究角度和重点出发，对生态学作出了自己的定义。英国知名生态学家埃尔顿(Elton，1927)认为生态学是科学的自然历史；澳大利亚学者安德鲁阿萨(Andrewartha，1954)着眼于种群动态研究，认为生态学是研究有机体分布和多度的一门科学；美国学者奥德姆(E. P. Odum，1956，1997)认为作为一门科学，生态学主要研究生态系统的结构和功能。虽然不同学者的定义有差别，但纵览众多定义的共同点，可以总结出生态学是研究生物体之间、生物体与所处环境之间动态关系的科学。

中华人民共和国成立之前，国内对于生态学的研究就已经开始了，但当时只有国外归来的个别学者开展了零星研究。20 世纪 50～70 年代，随着全国资源调查和国家建设的开展，生态学的各个应用领域取得相应发展，建立了各类生态系统定位站。1979 年，中国生态学会成立。20 世纪 80 年代以来，我国对于生态学的研究逐步赶上甚至超越了国际水平，逐渐形成并完善了生态学这一学科体系。

生态学从宏观角度认识生命系统，研究视野十分广阔，其研究对象已经涉及人类社会与自然环境相互影响的各个领域，成为一门以生物学和现代科技为基础、跨越多个学科的综合性学科。近年来，更与人文社会科学相互联系、互相渗透，为人类社会发展贡献出更多力量。根据不同分类方法，生态学可分为不同的组织结构。除了按研究对象组织水平、研究对象生态群、研究对象环境类别划分等研究方法外，还存在大量其他学科与生态学结合所产生的交叉学科，如人口生态学、经济生态学、文化生态学等。生态学得以和更多学科结合，焕发新的生机，在社会发展、人类进步中发挥更多的作用。

三、文化生态

文化是人类赖以生存的精神家园，是民族发展的血脉；而生态是共存的网群。将生态学的基本原理及规律应用到文化现象研究解读中，便诞生了“文化生态学”这一新兴的交叉学科。生态学强调任何个体皆非孤立存在的个体，而是某一整体的一部分，其自身系统与周围环境系统互相影响，相互关联。文化亦是如此，它不仅是人类文明进步的产物，更是人类在环境适应中协同演变的产物。文化生态学以文化为研究目标，以生态学为研究方法，重视文化各要素之间的关联和相互作用，重视文化产生、发展与其所处环境的关系。这里所说的环境是广义的，即包括自然环境、社会政治经济环境等。

文化生态与生态文化似乎总是关联在一起，然而，二者是有区别的，不能将其视为等同概念，要把握二者的不同，正确认识二者的关系，才能正确地开展研究。生态文化，广义上讲是一种价值观或者文明观的转变，从以人类为中心控制自然的价值观过渡到人与自然和谐相处的价值观。人类社会已由农业文明进入工业文明，即将进入生态文明阶段。生态文明依生态文化而建，由生态文化而定。“21 世纪人类的选择是从传统文化走向生态文化，建设生态文明社会。”[①]狭义的生态文化是一种社会文化现象，也被称为“绿色文化”，是指人类在认识、适应生态的过程中，逐渐产生的环境意识、生态意识以及由此发展而来的一系列人文社科成果。文化生态和生态文化是有区别的，不能一概而论。生态文化的重点在于“文化”，属于文化学研究领域，是一种价值观，是人类在遭受冲击后所作的新的文化选择，希望借此创造出人与自然的和谐相处。而文化生态的侧重点在于“生态”，借鉴生态学思维来探讨人类文化及环境的关系，它将“文化”和“生态”视为是内在统一的。文化生态系统并非是一种新的文化选择，而从来就是人类文明内在的本性，或者说是人类文明生长、发育的内在指向。[②]

早期的文化生态学起源于美国。美国早期著名人类学家如 F. 博厄斯和 A. 克罗伯等被公认为文化生态学的先驱，在研究北美土著人及外来人种迁徙时，他们考虑到文化与环境的关系，提出了“决定论”和“可能论”，为文化生态学的诞生奠定了基础。1955 年，美国知名人类学家斯图尔德发表了重要著作《文化变迁理论》(*Theory of Culture Change: The Methodology of Multilinear Evolution*)。在书中，他阐述了文化生态学(cultural ecology)的基本概念，认为环境适应的概念是文化生态学的基础，文化与环境相互作用，互为因果。这本书的出版被学术界公认为是文化生态学正式诞生的标志。20 世纪 60 年代不同学者相继出版了《尼日利亚的山地农民》《献给祖先的猪：新几内亚一个民族的

---

① 余谋昌：《文化新世纪：生态文化的理论阐释》，东北林业大学出版社 1996 年版，第 28 页。

② 参见柴毅龙：《生态文化与文化生态》，《昆明师范高等专科学校学报》2003 年第 2 期。

生态礼仪》《北方平原居民》等作品。20 世纪 70 年代后，霍利深入研究赞比亚多加人继承模式的发展和变化，美国人类学家马文·哈里斯提出影响深远的“文化唯物主义”。这些研究成果进一步深化了斯图尔德的研究。20 世纪 80 年代以来，文化生态学走向成熟，影响日益扩大，研究趋向也发生了变化：以往的文化生态学研究队伍以美国人类学家为主，近年来逐渐扩大到欧洲及世界其他地区各相关学科的学者，呈现出跨地区、跨学科、多元化的趋势；系统论被广泛采用，成为文化生态学的学科基础，完善了相关理论；文化生态环境的定义被拓宽，社会、经济等人文环境得到重视，而非只关注自然环境对文化的影响。

近年来，随着生产力的飞速发展，经济全球化必然催生了文化产业化，各种文化融合碰撞，诸多文化失衡现象由此产生。如某些国家推行文化霸权，进行文化侵略，严重威胁世界文化多样性；低俗文化传播；文化信仰缺失；等等。如何构建和谐的文化生态日益引起学者的关注。然而，国内学界对文化生态的关注和研究尚处于初始阶段，仅有几本关于文化人类学、社会学、文化学的著作有相关阐述，几年来虽有数篇论文涉及这一话题，但还没有专门论述文化生态的专著。尚未构建出完善的文化生态系统，因此也缺乏有针对性、可操作性的措施。从研究内容上看，主要是对国外文化生态学的介绍、对文化生态的定义及对文化生态学原理的研究。如黄育馥的《20 世纪兴起的跨学科研究领域——文化生态学》、戢斗勇的《文化生态学论纲》、潘艳和陈洪波的《文化生态学》等。国内文化生态学研究主要采取两个视角：文化人类学视角和文化哲学视角。前者是国外研究经常采用的研究视角；后者是哲学的一种新形态，指从哲学的高度研究一般文化原理，如文化的社会本质、特征、作用与发展规律等。从总体上看，国内的文化生态研究处于发展阶段，理论架构并不完善，常注重具体问题而缺乏整体眼光，经常将“文化生态”与“生态文化”混淆，将两个视角下的研究混淆。文化生态学在国内具有非常大的发展空间和研究价值，这也是笔者选择该课题的原因之一。

现代文化生态学具体研究方法的选择应依据其具体研究内容，以马克思辩证唯物主义为根本指导，以区域文化对比法、田野调查法、历史文献研究法、抽样调查方法、系统综合法等为常用方法。① 近年来，统计学分析、个案研究等统计分析发法也广泛地应用到文化生态学研究中。

① 参见江金波：《论文化生态学的理论发展与新构架》，《人文地理》2005 年第 4 期。

关于文化生态学的研究对象、研究方法、应用领域，笔者在导论中已经作了较为全面、深刻的分析，不同学者都给出了自己的看法。在本研究中，笔者借鉴系统结构理论，以系统论的观点对文化生态学的理论进行构建，通过文化链作用于系统主体，维护文化生态系统的平衡与发展。此处的文化生态系统界定由主体、客体两部分组成：主体可以是人，亦可以是文化学；客体是动态发展的文化链，由文化理念、文化制度、文化规律、文化环境、文化资源、文化实践等要素组成，主张用生态学系统的、整体的、动态的、平衡的观点看待文化内核之价值观的产生、演变以及与环境的关系，重视文化各要素之间的关联和相互作用。

四、高校文化生态

高校是社会的重要组成部分，是社会文化发展的主阵地，为国家和社会培养人才。高校文化是社会文化的一个子系统，其中的各个因素相互影响，构成了独具特色的文化生态系统。高校文化生态的概念发源于文化生态的基本概念，是社会文化生态的一部分，既有共同的特性，符合生态学的基本规律和基本原理，又因为高校在社会发展、尤其是精神文明建设中的独特作用而具有自身特色。高校文化具有传承性、时代性、复杂性等特性。高校植根于中华文化，是文化的传承者；又随着时代进步不断完善自我，与时俱进。因此，高校文化生态系统非常复杂，涉及文化生态中的各个系统和要素，其中最重要的就是大学生价值观。

根据文化生态学理论，文化并非孤立的、静止的，而是联系的、动态的。文化系统像生命体一样具备生态特征。生命体离不开其生存环境，与其他生命体及环境的各种因素相互影响，相互作用。一种文化也与其他文化及所处环境交流互动而不断发展变化。高校是社会的组成部分，高校文化是一种特殊的社会文化，其文化系统也是社会文化的重要子系统，也必然存在自身生态。由文化生态学理论出发，可以认为，高校文化中各个要素，如物质文化、精神文化、制度文化等相互影响，相互关联，构成具有特定内涵的校园文化生态系统。高校文化生态中的各个因子是相互联系、相互影响的。高校文化的产生和发展离不开其所处的生态环境，高校文化是高校文化生态系统和生态环境互动而产生的。高校文化生态是一种新的文化生态系统，为我们提供了新的文化视角，是高校文化新的生存方式。

高校文化是一种特殊的社会文化，其生态系统也具有鲜明的自身特色，具有传承性和时代性。高校的传承性体现在高校文化是社会文化的一部分，植根于博大精深的中华文化，是文化的传承者，秉承中国传统文化的精华。高校的时代性体现在高校随着时代的进步不断与时俱进，改善自身管理方式和育人模式等。高校文化生态还具有规范性和有序性。高校内部成员具有高度认同感和统一的价值观。

高校是社会文化发展的重要载体，是文化的创造者、传播者和继承者，代表着社会文化发展的前进方向，承担着社会文化发展的责任与义务。和谐的高校文化生态模式的建设，对于高校自身和社会发展、国家进步都具有十分重要的意义。加强文化生态建设，能够实现好、维护好广大师生的利益，促进高校师生发展进步，为社会主义建设输送合格人才；有利于形成和谐的文化氛围，促进高校文化的发展和繁荣。作为文化前沿阵地，高校文化的繁荣必然会促进社会主义文化大发展、大繁荣，增强国家文化软实力，推动国家的繁荣富强。同其他生态系统一样，如果外来因素对高校文化系统的影响超过其控制力，致使其不能达到和谐的状态，就会造成高校文化生态的失衡。在社会大发展、大变革的今天，高校文化生态更易出现失衡现象，必须对此予以高度重视。

五、价值观

价值观是文化的灵魂，体现着文化的价值判断和诉求，决定着文化的性质。价值观在文化形态中处于支配地位，体现该文化提倡什么、反对什么，反映社会发展的内在要求和国家、民族的价值取向。进行价值观研究，对文化的发展、社会的进步有极其重要的意义。对价值观的研究始于20世纪30年代，该话题一经提出，便引起哲学、心理学、社会学、人类学等诸多学科学者的关注。

基于理论观点和研究角度的不同，学者对于价值观的定义也有差异，一直没有统一定义。社会心理学家罗克奇（Rokeach）认为，价值观是一种持久的信念，是一种具体的行为方式或存在的终极状态，具有动机功能，它不仅是评价性的，还是规范性和禁止性的，是行动和态度的指导；美国人类学家克拉克洪（Kluckhohn）把价值观界定为一种外显或内隐的、关于什么是值得的的看法，它是个人或群体的特征，影响人们对行为方式、手段和目标的选择；荷兰学者霍夫斯塔德（Hofsteded）认为价值观是偏爱某种情形胜于其他情形的一种普遍倾向；美国学者本杰明·史华兹（Schwartz）认为价值观是令人向往的某些状态、对象、目标或行为，它超越具体情景而存在，可作为在一系列行为方式中进行判断和选择的标准[①]；黄希庭认为，“价值观是人们用来区分好坏标准并指导行为的多维度多层次的心理倾向系统”[②]；许燕认为价值观是“人们对事物及行为的意义、效用的评定标准，是推动并指引人们决策和采取行动的核心因素”[③]。人的行为是有目的的，其目的就是满足自身需要、创造价值。价值观体现人的价值取向，引导和规范人的行为。由于所处生产方式、经济地位不同，不同主体有不同的利益需要，因此会有不同的价值观。

国外对价值观的研究从20世纪30年代开始，在50年代获得较快发展。国内价值观研究从20世纪60年代开始，相对较晚，内地对价值观的研究从20世纪80年代开始，最初进行的大都是对青少年学生价值观的调查。从研究对象上看，国外的研究对象很广泛，涉及各个社会阶层、年龄段和种族的人群，而国内研究主要集中于学生，其次是职工，对其他群体研究较少。从研究方法上看，主要有心理测量法、文献分析法和问卷调查法等。从研究内容上看，主要有价值观的发展历程、功能、影响因素及特殊群体的价值观等。

国内外对于价值观的研究都已取得不错的成果，但存在的问题也是不可忽视的。在价值观的定义和结构方面仍然存在争议，没有形成定论；采取的研究方法存在误差；研究范围较为狭窄，研究的对象主要是学生，缺乏对其他群体，尤其是特殊群体的研究；采取的也多为横向描述研究，缺乏纵向深度研究；关于价值观功能、变迁、与其他心理特征关系等方面的研究较少。因此，价值观研究应扩展研究对象，进行纵向研究，重视其与其他心理特征的关系，进行跨文化研究。

如今，我国正处于全面变革时期，对外开放和社会主义市场经济的实行、社会结构深刻变革和利益格局变化以及全球化背景下各种社会思潮的涌入等，颠覆了原本文化一元的格局，形成了文化多元局面。在价值观领域表现为传统价值观失范，而新的主导价值观尚未确立，价值观呈现多元化特点。大学生的价值观尚未最终形成，加之家庭背景、成长经历、教育水平等方面的差异，使大学生价值观的多元化和两面性特点日益突出，大学生价值观有喜有忧。一方面，他们的价值观基调是积极、健康、向上的，基本有正确的世界观、人生观和价值

---

① 参见唐文清、张进辅：《中外价值观研究述评》，《心理科学》2008年第3期。

② 黄希庭：《心理学导论》，人民教育出版社1991年版，第207页。

③ 许燕：《北京大学生价值观研究及教育建议》，《教育研究》1999年第5期。

观。他们崇尚真、善、美，开始想要独立地思考人生问题，具有坚定的社会理想，社会责任感较强。在政治观念上，大学生对中国共产党有正确的认识，爱国情感很强烈，并且认同社会主义制度。他们有着强烈的成才愿望，努力学习，奋发向上，积极提高自身素质。另一方面，大学生的价值取向也有令人忧心的一面，存在不同程度的信仰迷失、理想动摇、精神迷茫和道德观念丧失等现象。

本研究所探讨的大学生价值观，在大学生价值体系中占据中心地位，发挥主导作用，规范引导大学生的思想和行为，是当代大学生这一特殊群体在生活实践中养成的对价值的最根源的观点。作为社会主义核心价值观的一部分，大学生价值观既与社会价值观的趋势相符，又有其相对的独特性。大学生作为一个特殊的社会群体，既具有社会人共有的普遍特征，又因其特有的个性和文化特征，在价值认知和选择时具有区别于其他社会群体的特殊性。构建正确的大学生价值观具有必要性和紧迫性。大学阶段是大学生价值观形成的重要时期，在这一时期建立正确的价值取向，对于进一步引导大学生地思想行为意义重大，同时有利于发展校园文化，培养符合时代要求的新人才，以进一步推进社会主义事业建设，实现中华民族伟大复兴。近年来，社会对于当代军人、学生、党员、警察等群体的价值观研究渐热，日趋成为社会主义核心价值观相对稳定的研究方向。

六、核心价值观

价值观是人类对于价值及价值关系的认识和判断，常以追求、理想、信仰等形式出现，表现人们对美丑善恶、好坏得失等价值的立场、态度和选择。“价值观不与政治、法律、艺术、道德、科学这些社会意识形式相并列，而是渗透在一切社会意识形式之中，是通过各种社会意识形式表现出来的更深层的带有一定倾向性的价值意识。”[①]人们所处社会环境、教育背景及社会地位等方面的不同导致了不同主体具有不同的利益和需求，因此其价值观具有多向性。广义上来讲，价值观由一般价值观和核心价值观组成。核心价值观是社会价值观体系中最基础和最核心的部分。核心价值观在社会各种价值观中处于中心地位，发挥着主导作用，体现着该价值观体系的总体方向和特征，可以统摄其他处于从属地位的价值观。核心价值观是人们长期普遍遵循的基本价值准则，是个人、集

① 陈章龙、周莉：《价值观研究》，南京师范大学出版社2004年版，第4页。

团、民族和国家必须长期坚持和遵守的根本原则和准则。[①] 目前来看，政治、经济、文化等层面均已被核心价值观渗透，核心价值观发挥着凝聚力量、引领方向、坚定信念、规范行为等多重作用。

核心价值观体现了价值的根本性，是对价值性质、构成等要素的根本看法和态度，它除了具备价值观的主体性、历史性、选择性、多维性等特征以外，还具有以下特点：一是稳定性，即核心价值观是广大人民群众在政治生活、经济生活和社会发展过程中的共同信仰，在维护国家长治久安方面提供强力支撑；二是主导性，即核心价值观主要决定着广大人民的价值取向和价值选择，凝聚各方力量，以实现社会价值理想；三是带动性，即核心价值观对社会影响重大，协调、整合一般的价值观念。

核心价值观体现了社会意识的本质状态，不同的社会历史时期，展现的是不同形态与内容的核心价值观。我国封建社会以“三纲五常”为代表的核心价值观，为维系 2000 多年的封建社会提供了强有力的精神支撑。而西方社会奉行的以“自由、民主、平等、博爱”为代表思想的核心价值观，对于资本主义社会发展意义重大。我国历史悠久，人口众多，各民族、各地区的不平衡发展导致了价值观的多样化，需要找到一种起统摄和指导作用的价值观，用以促进社会的稳定与发展。

七、社会主义核心价值观

2006 年，党的十六届六中全会首次提出建设社会主义核心价值体系。之后，围绕社会主义核心价值体系的研究便逐渐展开并走向深入。十六届六中全会指出：“马克思主义指导思想、中国特色社会主义共同理想、以爱国主义为核心的民族精神和以改革创新为核心的时代精神、社会主义荣辱观，构成社会主义核心价值体系的基本内容。”这四个方面是相互统一、相辅相成的。党的十八大明确提出“三个倡导”，即“倡导富强、民主、文明、和谐，倡导自由、平等、公正、法治，倡导爱国、敬业、诚信、友善，积极培育社会主义核心价值观”，这是社会主义核心价值观的最新概括。以“三个倡导”为基本内容的社会主义核心价值观“与中国特色社会主义发展要求相契合，与中华优秀传统文化和人类文明优秀

① 参见崔延强、郭平：《社会主义核心价值观初探》，2011 年 1 月 16 日《光明日报》。

成果相承接，是我们党凝聚全党全社会价值共识作出的重要论断”①。

富强、民主、文明、和谐是党和人民的共同理想，表达了广大人民群众的基本愿望和诉求，在核心价值观中发挥着目标指引的作用，激励人们奋发向上，调动群众积极性、主动性和创造性；自由、平等、公正、法治是社会发展的价值追求，涉及社会主义制度，中国社会主义制度是在社会主义实践过程中摸索出来的，保护人民自由发展，保证社会公平正义；爱国、敬业、诚信、友善则是对合格公民的基本行为作出规约，确立在理想信念、工作态度、与人交往等方面应遵从的基本准则。只有从根本上提高人民群众的道德素质，让广大群众热爱祖国，爱岗敬业，诚实守信，团结友善，才能形成良好的社会风气，创建自由、平等、公正、法治的社会秩序，进而实现建设富强、民主、文明、和谐的社会主义现代化国家的目标。

当前，国内和国际的经济政治局势产生深刻变化。经济全球化，世界范围内各种文化形态交融激荡，各种价值观相互碰撞，使得思想领域产生震荡。积极培育和践行社会主义核心价值观，树立和巩固其在思想领域的主导地位，具有现实的必要性和紧迫性。社会主义核心价值观在中国所有价值体系中处于支配地位，能激发中华民族的凝聚力和感召力，是激励全国人民奋发向上的精神支撑，是维系整个民族团结的精神纽带，对于实现社会稳定、国家长治久安有着深刻的理论和现实意义。从理论上讲，社会主义核心价值观是中国共产党从实际出发，立足基本国情，对马克思主义价值理论、精神文明建设方面进行的理论创新。从现实上讲，社会主义核心价值观是广大人民群众的思想指南，对巩固和完善中国特色社会主义制度、促进社会主义文化大发展大繁荣、构建社会主义和谐社会具有极为重要的意义。

第二节　价值观与文化生态相关性的学理及现实依据

一、价值观与文化生态相关性的学理依据

文化生态学的研究对象是文化，价值观是文化的内核，自然成为文化生态学的关键研究点之一。文化生态是一个系统概念，包括系统外部环境和内部环

① 中共中央办公厅印发：《关于培育和践行社会主义核心价值观的意见》，《党建》2014 年第 1 期。

境，外部环境复杂而多变，内部环境相对固定及稳定，对价值观形成和发展的作用更加直接，考察价值观的问题置于环境发展中是应有之义。

（一）价值观的主体性及客体性理论

对价值观本质的理解，学界有“理念说”“属性说”“实体说”和“关系说”等不同的表述方式。“关系说”认为，价值主体的人和客体的实物都不能相互决定彼此，只有将人和实物联系起来，才能决定价值的有无和大小。马克思曾指出，“价值”这个普遍的概念是从人们对待满足他们需要的外界物的关系中产生的。一方面，实物只有满足了主体的需要才被赋予价值的意义，换言之，价值的产生是有客观基础的，即价值观具有客观属性，受周围现实条件、客观环境以及实践水平的影响和制约。另一方面，价值观又具有主体性，价值观形成的过程也是物趋近人的过程，应该说，具有客观需要的现实主体是价值关系的核心。价值观的形成依赖于现实基础、实践活动，是社会化功能的产物。

文化生态学强调的是自身系统同周围环境要素的相互影响、相互关联，探讨人与文化及环境的关系。本研究探讨的文化生态系统是由主体、客体两部分组成的：主体可以是人，也可以是文化学；客体是动态发展的文化链，由文化理念、文化制度、文化规律、文化环境、文化资源、文化实践等要素组成。主张用生态学系统的、整体的、动态的、平衡的观点看待文化内核之价值观的产生、演变以及与环境的关系，重视文化各要素之间的关联和相互作用。狭义上讲，文化生态的主客体关系与价值观本质具有趋同性；广义上讲，价值观作为文化生态研究的核心部分，体现了价值观的主体性和文化生态的客体性两者之间的关系。价值观的主体性及塑造离不开文化生态环境这一客体状态的影响和作用，在一定社会历史条件下，有什么样的文化生态环境，就会伴随产生什么样的价值观；反过来说，价值观的形成和发展，也会对文化生态环境建设产生作用，决定了文化的基本性质和状态。

（二）价值观是文化生态的核心要素

文化生态学运用生态学的基本规律和研究方法，以文化为研究目标，探索文化各要素之间的关联和相互作用，重视文化产生、演变和环境的关系。作为文化生态的核心要素，价值观代表着文化的基本性质，体现文化的深层次意义，更在一定程度上体现着社会发展的要求。价值观体系建设是文化建设的重点，这是由文化和价值观之间的内在关联所决定的。因此，文化生态建设的核心是价值观的构建。

价值观是文化的灵魂。狭义上的文化指“人在改造客观世界、在协调群体关系、在调节自身情感的过程中所表现出来的时代特征、地域风格和民族样式”[①]。从这一定义可以看到，只有人类才能创造文化，且不同人类群体在不同时期创造的文化也是不同的。人和动物的根本区别之一就在于人的一切行为都是有目的的，其目的就是在认识自然规律的基础上实现自身需要，也就是实现价值。人是有价值的存在，人不断地寻找、实现和创造价值。人的所有行为都受价值驱使，都是价值的外化和实现。人在创造和实现价值的过程中形成的对周围客观事物意义和重要性的总体评价及看法就是价值观，它体现人的价值取向，引导和规范人的行为，进而展现一个国家和民族的思维方式和精神面貌。由于客观需要的不同和对自然规律理解的差异，人与人的价值观也是不同的。文化是人类创造的，而人的行为又以价值为基准，因此价值观的不同会导致文化间的差异。价值观处于文化体系的核心位置，体现着文化的诉求和价值性判断，它反映出文化提倡什么、反对什么，决定了文化的性质。先进价值观决定了先进文化。

价值观在文化中居于特殊地位，其功能是一种文化功能，主要体现在评价及导向、规范及约束、教化及凝聚、文化整合及驱动四个方面。首先，价值观具有评价及导向功能。价值观是人们在实践中形成的对客观事物作用、意义、重要性的认识和评价，价值观使个体得以区分是非善恶和美丑，引导个体的行为取向，影响人的行为方式和效果。一般情况下，肯定评价会引导人采取积极的态度和行动进行实践，而否定评价则会警示人们调整自身行为。其次，价值观具有规范及约束功能，这一点主要体现在实践层面。规范与价值有密切关系，规范反映了某种价值观，是价值的外化和体现。价值观通过具体准则规范人的行为，而反过来看，人的行为是价值观的外在表现。在生活中，价值观总是外化成各种规范，如宗教规范、法律规范等。再次，价值观具有教化及凝聚功能。文化的本质在于“化人”，其教化功能主要是通过价值观来体现的。进行价值观教育可以规范人的行为，使人辨别真假美丑和是非善恶，知道如何追求和实现价值。价值观具有凝聚功能，可以凝聚价值主体共识，增强成员向心力和凝聚力，实现其共同目标。一个共同体只有有了共同的价值取向，树立了共同的价值体系，才能增强凝聚力，实现共同利益。最后，价值观具有文化整合及驱动功能。

---

① 陈炎：《“文明”与“文化”》，《学术月刊》2002年第2期。

不同文化在交流过程中进行整合，吸收借鉴其他文化的有利成分，进行发展和创新，使自身文化更加繁荣强大。价值观是文化的核心，从根本上讲，文化认同即是价值观的认同，文化冲突即是价值观的冲突。价值观所具备的文化整合功能非常重要，全世界人民共同的价值诉求和理想，如自由与平等、民主及公正等，要求我们加强文化交流，促进各种文化协调发展。

（三）文化生态环境遵从一致性原则引领价值观

文化生态环境是宏观的概念，它涵盖了外环境和内环境两方面内容。外环境包括自然地理环境、历史环境、现实环境和国际环境等；内环境可以聚焦到主体所处的微观环境，如家庭环境、社会环境、组织环境、媒体环境、资源环境、制度环境等。文化生态的系统构成了一个作用场，持续发挥效力，完成对价值观的塑造和引领。这样的作用过程与比较政治学中主张的"政治社会化"过程是相似的。政治社会化是政治文化形成、维持和改变的过程。[①] 政治文化包括一国居民中当时所盛行的态度、信仰、价值观和技能。[②] 因此，价值观作为政治文化的组成部分，会在系统环境中受到各种媒介的影响，如果要保持价值观长期、稳定的顺势发展，就要不断加强环境中各种媒介因素的持续强化和一致性，也就是要遵循一致性原则。文化生态系统不是封闭的，随着社会的发展、时代的进步和人们的需要，这个系统会逐渐开放，系统内部的各个要素会流动、变化，对价值观的稳定性和一致性会造成影响，但开放是必然的、进步的、不可控的。我国在改革开放以后，受到国际环境、政治环境和现实环境的影响，原先封闭的文化生态环境系统放开，冲破了一元主导的价值观体系，意识形态多元化，价值观与社会变革共振。系统内的各种环境要素和媒介原有的统整和一致也开始出现多向发展，一致强化的原则作用力开始减弱，导致价值观在矛盾冲突下失衡，道德信仰缺失，功利主义盛行。文化生态系统的外围环境很难左右和改变，但是系统内部的微环境和构成要素是可以尝试按照一致性原则进行统整的，可以利用不同媒介的同向引导，来实现环境对价值观发展的促进作用。

---

① 参见［美］加布里埃尔·A.阿尔蒙德、小G.宾厄姆·鲍威尔：《比较政治学：体系、过程和政策》，曹沛霖等译，上海译文出版社1987年版，第91页。

② 参见［美］加布里埃尔·A.阿尔蒙德、小G.宾厄姆·鲍威尔：《比较政治学：体系、过程和政策》，曹沛霖等译，上海译文出版社1987年版，第29页。

二、价值观与文化生态相关性的现实依据

在任何一种文化体系中，价值观都占据核心地位，贯穿文化发展的整个过程，决定着文化的基本性质和前进方向。大学生价值观建设与高校文化生态建设是相统一的，且目标是一致的。高校文化生态环境是大学生价值观培育的重要载体和精神基础，高校文化生态建设提供了大学生价值培育的有效途径和形式。

（一）大学生价值观建设和高校文化生态建设过程是统一的

在我国改革发展的攻坚时刻和转型时期，经济政治及社会变革带来的利益格局变化和思想观念变化对高校文化带来冲击，文化生态系统逐渐开放，原来稳定的价值观体系受到冲击和影响。高校文化生态系统内部也出现部分失衡和问题。因此，进行高校文化生态建设，构建和谐的高校文化以聚人心、促发展，就显得尤为重要。价值观是文化的灵魂，构建正确的大学生价值观是创建和谐高校文化生态的核心，这两者的过程是统一的、密不可分的。高校文化生态建设的主要内容就是从文化建设和学生需要的实际出发，探寻有效途径构建大学生价值观。高校文化生态建设是一个非常复杂的系统工程，关系到文化系统各要素层次的方方面面，但最根本的还是要培育大学生价值观。只有引导学生树立了正确的价值取向，才能在更高层次上实现高校中各种文化的协调发展和相互促进。不进行高校文化生态建设，就不会有先进的高校文化和良好的文化氛围，大学生这一群体就难以形成共有的道德标准和价值观。没有正确的价值观，作为高校文化生态建设主力军的大学生群体就会失去是非善恶的判断能力，出现精神迷茫、道德水平下滑等现象，不利于高校文化的健康发展。

（二）高校文化生态环境是大学生价值观培育的载体和基础

高校文化生态建设旨在解决校园文化面临的矛盾和危机，实现多文化之间的协调发展，构建理性有序的和谐高校文化氛围，而和谐的高校文化为大学生价值观培育提供了重要载体和精神基础。特别是维持高校生态系统内部要素和媒介的一致性，是在价值观塑造和引导方面需要遵循的原则。

高校文化生态建设的重要内容之一就是精神文化建设。高校精神文化是高校在实践中逐渐形成的理想、信念、价值目标等，作为高校精神旗帜的直接体现，展现了高校的人文情怀、治学态度和科学精神，为大学生价值培育提供精神基础。单纯的口号校训等并不算文化，这些抽象的思想需要通过外在的表现形

式才能转化为可感知的精神文化，大学生的价值观念即是其外在表现。高校文化在发展过程中形成了自身特有的精神品质和传统，这些精神品质及传统都在大学生的价值观中得到展现。高校文化对大学生的价值取向、品德素质等都有重要影响，对其行为有规范作用，可以影响大学生的价值判断和行为选择，进而决定大学生的发展方向。

文化是价值观的载体，因此价值观不可能脱离文化而独立存在。大学生的价值观也要依托一定的文化载体才能存在。高校文化的性质体现和决定了大学生价值观的基本精神。在我国，高校文化是社会主义先进文化的子内容之一。大学生价值观的培育，是以高校文化建设为基础的，否则便会失去先进文化基础。因此要重视高校文化生态建设，构建先进高校文化，拓展高校文化建设的有效途径和方法，进一步满足大学生价值观培育的需求。

第三节　高校文化生态系统研究

关于文化生态和高校文化生态的相关概念，本研究已有过相关阐述。高校文化生态是由文化生态的基本概念延伸出来的，作为文化生态系统的子系统，高校文化生态系统要求使用生态学的基本原理和规律来认识分析文化现象，着重强调文化同外部环境间的关联与平衡，是文化的一种生态化模式的动态再现。这里所说的文化生态是文化哲学意蕴下的概念，是在一定社会文化大系统内部各种具体文化样态之间相互影响、相互作用、相互制约的方式和状态。对文化生态系统进行应用的研究，必须置于系统框架下，换言之，必须研究、构建一个文化生态“场”。这个“场”可以理解为广义的“环境”，既包含场内环境，也包含场外环境，在此基础上进行系统建设。

一、系统的基本内涵及构成

自古以来，无论是西方还是东方，都有着丰富的系统思想。按照系统的观点，自然界和社会中存在的一切事物，都是系统化存在的，系统是一切事物生存和发展的基本形式。关于系统的概念，乔治·玻尔(George Por)于 1995 年首次引入了“系统”的概念和模型，用以复杂的文化运动过程，探索知识创新、知识维护和组织学习的社会关系及行为。① 文化生态系统是一个由人、文化与生态环境构成的有机整体，其中各个部分（要素）以既受制于整体又牵制整体的方式发生作用。② 也有学者指出，文化生态系统是某一族群为了适应生存于其中的自然环境而对其进行长期改造、加工而形成的具有特定人文特点的人工生态系统，主要包括自然环境系统、经济文化系统、社会组织系统和精神文化系统。其中，作为文化载体的族群在这一系统中处于中枢位置。③ 文化生态系统的实质是在某一相对独立、完整的社会区域中，各种文化因素以其独特的自然环境和社会环境为基础，根植于人们的生产方式和生活方式，并依赖于其自身的各种制度框架运行的不断变化和发展的动态系统。④

从文化生态系统的构成角度进行分析，高校文化生态系统是主客体的共同并构和相互作用。有学者认为，高校文化生态系统的构成应该从功能价值方面入手分析，分为生态育人、生态立校、生态服务三个方面，通过人才培养和价值观树立、教学环境和制度建立、开发输出生态产品等具体措施开展高校文化生态建设。⑤ 有学者认为，高校文化生态的构建应该从形成新的生态文化观、建立可持续发展的生态教学论、构建新型行为体系和培育良好的生态环境四个方面进行，也就是从观念、行为、环境三个方面进行构建和分析。⑥ 更多的学者还是沿用了文化基本范畴延伸出来的三个组成部分，即物质文化、制度文化和精神文化来分析高校文化生态系统的构成要素，物质文化泛指校园的物理空间建设，如校园硬件设施、建筑布局、人文景观等；制度文化泛指大学的组织构架和运行规则，如组织管理、规章制度、决策机制等；精神文化往往被视为最核心和最重要的组成部分，是大学精神的灵魂，彰显了一所高校的人文气质，体现在师生价值观、理想追求、思维模式、道德情感等诸多方面。

从不同的研究角度和侧重点出发研究高校文化生态系统的构成，可以得出或宏观或微观的分析结果，但综合看来，主要由文化生态主体和文化生态客体

---

① 参见孙兆刚：《文化生态系统演化及其启示》，《云南师范大学学报（哲学社会科学版）》2003 年第 5 期。

② 参见江金波：《论文化生态学的理论发展与新构架》，《人文地理》2005 年第 4 期。

③ 参见李子贤：《存在形态、动态结构与文化生态系统——神话研究的多维视点》，《云南师范大学学报（哲学社会科学版）》2006 年第 3 期。

④ 参见仰和芝：《试论农村文化生态系统》，《江西社会科学》2009 年第 9 期。

⑤ 参见刘月岭、武立敬：《大学校园生态文化的意蕴及价值》，《长春工业大学学报》2010 年第 4 期。

⑥ 参见覃逸明、吴文亮：《高校校园生态文化构思》，《高教论坛》2003 年第 1 期。

两部分组成。其中，文化生态主体可以是学生、教师、管理者，当然也包括课堂、宿舍和学生会等有形的场所或组织；而文化生态客体可以细化为校内生态环境与校外生态环境。校外生态环境可以是自然环境，也指文化环境和社会环境；校内生态环境涵盖了学校的物质环境、制度环境以及精神环境，这三个环境要素依次递进。从结构来看，校外生态环境属于宏观生态，校内生态环境属于中观生态，而生态主体则属于微观生态，它们之间有机关联、整体周流、互动共生，从而更好地实现文化生态的功能。对比广义的文化生态系统，学校文化生态系统具有自身特性。它体现了教育性、选择性、创造性、差异性，是冲突和融合的过程①，具有客观性和自主性、系统性和层次性、发散性和聚焦性、地域性和选择性、超前性和持久性等特征②。另有学者认为学校文化具有属人性、现实性、自觉性、生态性③。从文化生态环境来看，高校生态环境的主体与边界均具有独特性，并发挥着独特的功能。只有准备把握系统的特性，才能更好地发挥系统的整体优化作用。

二、系统要素分析及模型构建

系统是由相互联系和相互作用的诸要素构成的统一整体，要素是认识事物、把握系统的最基本的单元，系统内部各要素的构成和优化能使整体的功能具有趋于强化的特性。因此，要优化高校文化生态系统，首先必须着眼于系统的整体性，在遵循系统内部结构有序性的基础上，具体分析系统要素的构成，通过要素内容和功能的解读，更好地把握系统的特性并优化系统功能。

本研究尝试借鉴生态学的研究方法，参照自然界的生态系统模型，综合考虑高校文化生态系统的构成和属性，在此前研究的基础上进一步解构，建立了高校文化生态系统要素构成图。

如图 1-1 所示，本研究构建的高校文化生态系统分为文化生态主体和文化生态环境两大类。结合上文所述，文化生态主体既包括学生、教师和管理者等个体主体，也包含课堂、班级、宿舍等群体主体；文化生态环境包括校内生态环境和校外生态环境两部分，校内生态环境又进一步分为物质环境、制度环境和

① 参见顾明远：《论学校文化建设》，《西南师范大学学报》2006 年第 5 期。

② 参见俞国良等：《学校文化新论》，湖南教育出版社 1999 年版，第 33～37 页。

③ 参见徐书业：《学校文化建设研究——基于生态的视角》，广西师范大学出版社 2008 年版，第 14～19 页。

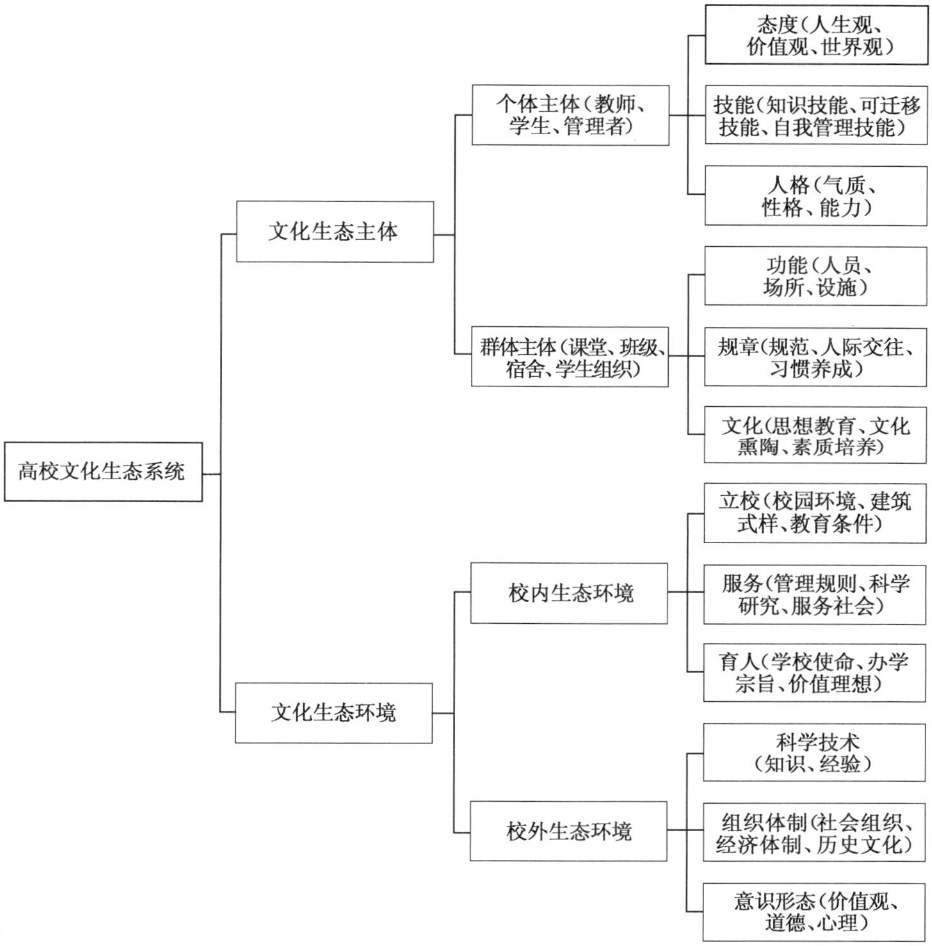

图 1-1 高校文化生态系统要素构成图

精神环境，校外生态环境可进一步划分为自然环境、社会环境和文化环境。具体看每个系统结构的构成要素：个体主体的构成要素为态度、技能和人格，态度要素包含师生和管理者的人生观、价值观和世界观；技能要素细分为知识技能、可迁移技能和自我管理技能；人格要素从心理学的角度分析，概括为气质、性格和能力。群体主体的构成要素分为功能、规章和文化。功能是表层的要素，用以实现群体主体的作用发挥，如课堂满足教学功能、宿舍满足生活功能、班级满足活动功能等，具体可以包括人员、场所、设施等。规章是中层的要素，起到约束性作用，包括规范约束、人际交往、习惯养成等。文化是深层的要素，来实现德育功能，包括思想教育、文化熏陶、素质培养等。校内生态环境的构成要素为立校、服务和育人，立校包括校园环境、建筑式样、教育条件等，服务包括管理规则、科学研究、服务社会等，育人包括学校使命、办学宗旨、价值理想等。校外生态环境的构成要素为科学技术、组织体制、意识形态，科学技术包括知识、经验等，组织体制包括社会组织、经济体制、历史文化等，意识形态包括价值观、道德、心理等。

综合考虑高校文化生态系统的构成要素和内外环境，本研究尝试构建了高校文化生态系统模型，如图 1-2 所示：

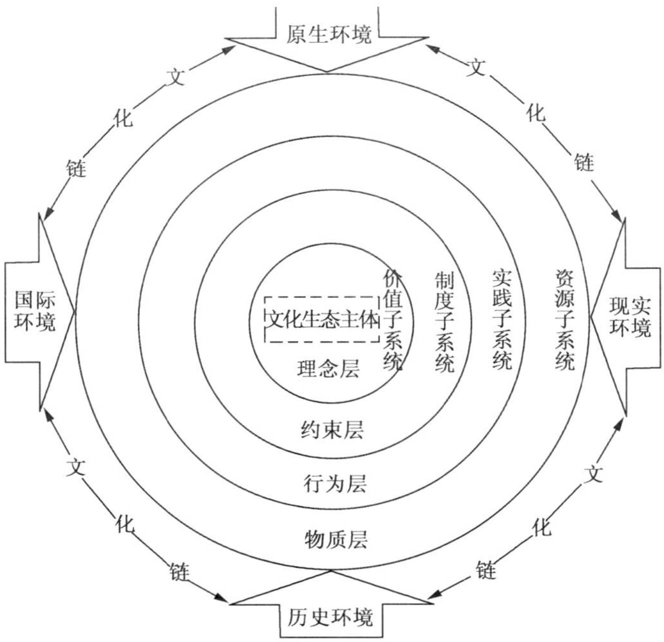

图 1-2　高校文化生态系统模型

文化生态环境围绕文化生态主体这一中心，形成了由外至内的物质层、行为层、约束层和理念层四个递进层次，构成了高校文化生态系统的中观生态环境。其中，理念层是核心层，以大学生价值观为代表统领整个高校的文化生态环境，流布于各个系统要素之间，起着范型统摄的作用。接下来是代表组织规范的约束层和代表活动具态的行为层，包括学校的各项规章制度、行为规范和各项学术文化活动，在物质保障下自如运转。整个系统按照不同的层次分为资源子系统、实践子系统、制度子系统和价值子系统四个子系统，发挥各自不同的功能，作用于文化生态主体。四个子系统同最外层的原生环境、现实环境、历史环境和国际环境这一宏观生态环境相互作用，在文化链的环绕和牵引下，共同构成了整个社会的文化生态大系统。

高校文化生态系统作为一个复杂的动态开放系统，从系统科学的角度来看，具有整体性、层次性、关联性、多样性、适应性等多重本质属性；从生态学的角度来看，又具有主客体之间充分良性互动、内外环境相互作用的各种生态群落的固有特性。同时，研究高校内部的生态环境系统，有助于把握学校内部文化生态系统的组成要素及其相互关系，明确学校的文化使命，凝结学校文化精神，形成具有鲜明个性和价值风范的校园文化，构建良性的高校文化生态。

三、系统环境分析

高校文化生态系统是由文化生态主体和文化生态环境两部分组成的，整个文化生态环境具有开放性、复杂性和时代性。在影响主体的发展因素中，环境占有至关重要的地位。高校文化生态环境集系统诸多要素于一体，在从属关系上是社会整个文化环境的子系统。有研究者撰写论文《高校文化环境对大学生思想政治教育影响研究》，文中对高校文化环境进行了分类：从范围的角度把高校文化环境分为国际大环境、区域中环境和校园小环境；从内容的角度把高校文化环境划分为物质文化环境、制度文化环境、精神文化环境和行为文化环境。[①] 从概念上看，“文化环境，是指人们在特定的社会环境中能动地创造出来的物质和精神氛围，它是存在于主体周围，影响主体活动的各种精神文化条件的总和”[②]。

本研究在之前的描述中已将高校文化生态系统的环境分为校内生态环境和校外生态环境两大部分，接下来将在整个系统模型建立的基础上，对高校文化生态系统建设的环境基础进行分析。

（一）校内文化生态环境分析

在本研究构建的高校文化生态系统模型中，整个文化生态系统被细分成资

---

① 参见文大稷：《高校文化环境对大学生思想政治教育影响研究》，华中师范大学硕士学位论文，2008 年。

② 陈立新：《构建高校素质教育的文化环境》，《湘潭大学社会科学学报》2000 年第 6 期。

源子系统、实践子系统、制度子系统和价值子系统四个子系统，这样的划分是基于对校内文化生态环境（物质环境、制度环境和精神环境）的分析。不同的子系统分列于物质层、行为层、约束层和理念层，也体现了高校的文化环境是高校校园物质文化环境、文化学术活动、行为规范和价值观念等各种文化要素的一个综合体。

首先，高校物质文化环境是基础和载体。物质文化环境是指在高校可见的硬件设施和投入所形成的文化氛围影响的一切物质条件的总和。它体现的是具有物质形态等显性特征的各个文化载体的集合，既包括自然文化环境，又包括硬件设施条件。花卉、草坪、广场、雕塑等自然和人文形成的景观都蕴含着高校与众不同的文化品位，如北京大学的未名湖和博雅塔、清华大学的“景昃鸣禽集，水木湛清华”、武汉大学的珞珈山樱花、山东大学的稷下广场等，都体现了不同高校的精神追求和审美情趣。硬件设施条件包括校园的各类基础设施建设和楼体风格，教学楼、宿舍、餐厅、学术报告厅、图书馆、文化活动中心，甚至是道路命名等，在经过了精心的“人化”后，都在一定程度上彰显着高校的文化发展标向和育人价值取向，对每一位校园人的思维观念和行为习惯都形成了潜移默化的文化影响。

其次，高校制度文化环境是保障和支持。规章和条律本身并不等于文化，只有这些制度中蕴含的观念和规则被人们普遍认可、接纳和遵循后，才会形成制度文化。高校的制度文化环境是以文字的形式来表达学校章程、规定和行为守则等固定的体例所形成的约束性氛围。它涵盖的内容非常丰富，包括学校的组织机构、管理机制、决策规划、校规校纪、行为守则、制度实施细则等，这些立校的章程和具体的规定在一定程度上折射出学校的传统、理念和风格，使学校的运行和治理有章可循、有法可依。

最后，高校精神文化环境是核心。同制度环境一样，单纯的精神、训条和警句也不等同于文化，只有在这些精神被主体内化于心并自觉践行时，才能形成一种实质的、有价值的精神文化。精神文化环境在校内文化生态环境中占据核心地位。物质文化环境与制度文化环境由其制约，同时它也是校园主体的直接作用者。精神文化环境既体现学校的科学、人文及治学精神，反映学校的优良校风、教风和学风，又彰显了所有校园主体的思维意识、生活信条和价值观念，特别是对文化核心——价值观的塑造、形成和培育意义重大，有利于从深层次影响和谐共生的校园文化关系。校训是最易体现校园精神文化和独特价值观的综合表达，2014 年 8 月，中央电视台《新闻联播》节目集中展示了一批著名高校的校训文化，如南开大学的“允公允能，日新月异”、清华大学的“自强不息，厚德载物”等，这些都是校园精神文化的历史积淀，也是治校理念和人才培养目标的最佳诠释。具体到对于校园主体的精神塑造和思想引领，我们要用社会主义核心价值观作为具体指导，占领主阵地、弘扬主旋律、引领新思潮，培育大学生价值观，来营造健康、积极、开放的校园精神文化环境。

(二)校外文化生态环境分析

高校文化生态是社会整体文化环境的重要组成部分和不可或缺的子系统。社会文化生活的方方面面都会映射并影响到高校的文化发展和建设，并在一定程度上起到决定性作用。因此，对学校外部的文化生态环境充分考察、分析，具有相当的理论意义和现实意义。校外的文化生态环境由自然环境、社会环境与文化环境构成。本研究围绕文化生态主体建立了高校文化生态系统模型。在充分考虑校内文化生态环境影响因素的同时，在外围将校外文化生态环境细分为原生环境、现实环境、历史环境和国际环境四类。这样的划分充分考虑了“文化”要素的比重，在“文化”这一关键链条的牵引作用下，校外文化生态环境向内对校内文化生态环境和文化生态主体发挥着基础性影响。

首先来看校外文化生态的原生环境。此处选用“原生环境”一词而非“自然环境”，因其更接近于生态环境的本意。此处的原生环境并不单纯指天然形成的、未受或少受人为因素影响的环境，而是相对于“共生环境”而言的，强化的是一种经过刻意的、人化的生态环境所产生的影响，进一步说明人与自然环境和谐共生的意义。“共生”一词是德国生物学家德贝里(Anton de Bary)于 1879 年提出的，词根源于古希腊语。它表明了在某种程度上，生物体和物质之间存在永远关联。共生不仅是一种自然状态，也是可塑的状态；共生既是一种生物识别机制，也是一种社会科学方法。它综合各类原生环境要素，按照主体的内在要求形成共生模式，推进共同的进化发展。共生环境将原生环境的影响因素充分调动，发挥积极影响，经过人化的原生环境同生态主体相互依赖、相互补充、共同进化，充分发挥物质、信息和能量的资源价值，形成无法分割的共同体。

其次来看校外文化生态的现实环境。现实环境可以涵盖广泛的内容，此处所讲的现实环境是在文化研究意义的限定之下，更主要的是指社会环境、现实国情以及高校所处的地缘环境等因素。国家的政治经济体制及发展状况、社会的组织运行和民生状态、国民的科学文化素质及创新能力等等，都可以直接或者间接地对校园师生主体产生影响。随着改革的进一步深化，政治生活和社会生活中所爆发的问题、矛盾、冲突以及群体事件等，深刻影响着大学生的价值观念和取向，他们也在困惑和动摇中寻找道德力量和精神支撑。在这样复杂而多变的现实环境下，我们对于国家和社会的治理理念要进一步明确、对体制改革要进一步完善、对管理能力要进一步提高，提高民众的社会认同和社会向心力，培养创新的思维能力，以提高国民的科学文化素养。在整个提升的过程中，文化将发挥着巨大而不可估量的作用，这也是我国重视培育和践行社会主义核心价值观、弘扬社会正能量的意义所在。此外，还有一点不能忽视，即高校所处的地缘环境的影响力，整个社会的现实环境都是由不同特色的地缘环境所组成的，我们应熟悉地缘文化，了解当地实情，支持区域发展，在共同相处中创新特色文化，充分展现文化的多变性和多面性。

再次是校外文化生态的历史环境。英国著名史学家卡尔提出了一个著名的命题，即“历史就是与现实不断的对话”。之所以把历史环境单独拿出来分析，是源于历史和文化不可分割的密切关系。历史和文化是人真实的存在方式，只有充分了解人类存在的历史和文化，才能真实而深刻地理解主体与客体、人与世界、小我与大我、理想与现实的关系。传统文化不仅仅存在于历史古籍中，更可以体现在现实生活的方方面面。历史环境的作用应该辩证看待，有正亦有反：一方面，中国的传统文化强调“天人合一”、整体至上、中庸和谐，倡导刚健有为的自强进取精神、“厚德载物”的仁爱重德精神、仁民爱物的以人为本精神等，对于文化生态系统的建设具有积极影响；另一方面，传统文化在中国封建社会绵延了2000年，也充斥着浓烈的奴性色彩，求稳怕乱、安贫乐道、从众意识等封建、保守的文化思想仍有残余，成为影响社会发展和民众素质提升的羁绊。因此，高校在面对这样两面的历史文化影响时，要多汲取传统历史文化的养料，对校园师生开展中华传统文化知识的普及和教育，倡导具有德性的大学精神，更好地在高校传承并发展中华民族精神源泉。同时，要突破守旧思维的囿制，创新开展传统文化教育的活动形式和载体，重构中华传统文化的价值体系。

最后要关注到校外文化生态的国际环境。此处所指的国际环境，具体指西方文化和全球化对高校生态主体和环境所产生的影响。在西方文化中，崇尚理性、个人主义和宗教传统是其核心的组成部分，西方人的理性思维更偏重于抽象化，他们注重科学意识的培养，希望通过征服自然来推动社会发展。在个人主义方面，要充分发挥个人主观能动性，激发个人独立意识与创造性，认为人是具有最高的社会文化价值的，也是文化价值所要服务的最高目标。在宗教传统方面，西方倡导基督教精神，认为世界万物是有法则、有秩序的，人人平等，崇尚信仰。对待西方文化，我们也要秉持辩证的思维：对于可借鉴的部分，要敞开胸怀，大胆接纳，为我所用；对于极端的部分，要坚决摒弃和抵制。除了西方文化带来的影响外，全球化席卷而来的浪潮也不容忽视，全球化不仅仅是经济的全球化，更是政治、文化等全方位的全球一体化，它所带来的西方意识形态的影响，对于我国的文化发展产生了剧烈的冲击。特别是 20 世纪 80 年代我国打开国门后，西方的新自由主义思潮、后现代主义思潮、无政府主义思潮等现代思潮一股涌入，对于站在时代浪潮尖峰的青年来说，产生了不小的冲击和影响。因此，我们在面对这样开放而复杂的国际环境时，要在与西方文化的激荡和碰撞中选择性地交融和放弃，要从高校这一文化高地上提高民族文化的品牌影响力，开拓学生的国际化视野，把握机遇，迎接挑战。

四、系统功能分析

作为一个完整的生态系统，其主要具备的功能有物质循环、能量流动和信息传递三大类，借鉴对生态系统功能分析的基本原理，我们可以对高校文化生态系统的功能进行研究并作出论述。高校文化生态系统是一个注重整体性、独立性和功能性的文化生态体系，组成这一系统的主客体以及各个要素之间相互作用，展示并发挥着不同于一般文化的独特而具体的功能。

在对高校文化生态系统功能进行分析论述前，我们先简单、递进地分析一下文化、高校文化以及德育文化的基本功能。首先简要介绍文化的功能。在所有关于文化地位的论述中，最明智的可能当属丹尼尔·帕特里克·莫伊尼汉的论断，即“保守地说，真理的中心在于，对一个社会的成功起决定作用的是文化，而不是政治”①。对于文化功能的研究者和研究成果很多，综合看来，针对不同的受众基本可以从个人、群体、社会三个维度得出结论：就个人而言，文化可以对个人的价值观形成和人格塑造起作用，并帮助个人完成社会化的进程，使其成为“社会人”；就群体而言，文化起着目标、规范和导向的功能，能够在一定范围内有效组织并起到凝聚作用，使群体的活动更具目标性和方向性；对社会而

① ［美］亨廷顿、哈里森主编：《文化的重要作用：价值观如何影响人类进步》，程克雄译，新华出版社 2010 年版，第 8 页。

言，文化更是起着价值整合、规范整合和结构整合的作用，对整个国家的价值体系的构成和维护意义重大。再来看高校文化的功能。提到高校的文化环境，很容易同“学术自由”“文化创新”“真理至上”等词汇相关联，这也决定了大学文化具有辐射性、前瞻性和创新性等特殊“气质”，大学文化功能集中在文化启蒙、文化守护、文化批判和文化传承创新等方面[①]。这些功能不仅可以充分地释放文化的传统魅力和现代气息，还有助于青年学子在德、智、体、美、劳、群、情、创等方面的全面发展和进步。最后分析德育文化的功能。从目的论的角度来看，在文化冰山中最具有意义的部分当属文化价值观了。高校文化的价值观是通过德育引领来实现的，高校的根本任务是立德树人，育人为本，德育为先。大学文化的传承和创新必须有对青年价值观引领和塑造的意义，这种德育功能的发挥不能仅仅停留在课堂教育和硬性灌输上，这样会使德育变异为“泛政治化”的片面教育，而是应该还原和构建“自然—人—社会”三者之间的有机联系，因为“德育只有传授与当前社会现实需要相一致的道德与文化才有生命力”[②]。

在逐一了解了文化、高校文化和德育文化的功能后，我们来具体分析论述高校文化生态系统的功能。

（一）凝聚：促进价值观形成

价值观问题是人类社会普遍存在着的问题，价值的导向直接影响着人类社会的发展。价值观可类比为高校文化生态系统的核心能量，它的“制造者”是系统的主体——高校师生。在价值观的确立和塑造过程中，最基本的是个体意识的培养和集体价值观的升华。

个性得到充分的尊重和解放，是实现人生价值的条件和人的价值目标。个体价值的形成是一个知、情、意、行矛盾运动的过程，是个体同周围客观环境相互作用、相互影响而逐渐形成的过程，是一个动态而不断调整变化的过程。价值观的形成也可以概括为始于知、形于情、成于意、终于行四个阶段：对客观环境和事物的认知由感性层面逐渐上升到理性层面，是个体价值观形成的核心和前提；情感的内化强调个体对客观事物的态度和内心体验；意志体现在对个人行为的自觉调整，以服从于价值观形成过程；行动力则是最关键的一步，强调个体的实践和履行，为实现价值目标而坚持奋斗。同时，个体价值观形成的过程

---

① 参见高金祥：《试析大学文化功能的产生及构成》，《黑龙江高教研究》2012年第5期。

② 檀传宝：《德育原理》，北京师范大学出版社2010年版，第73页。

也是一个受文化影响的过程，生活在一定文化环境的个体，潜移默化地受文化生态圈各种元素和氛围的熏陶，形成一种文化心理积淀，适应某种道德规范。个体和环境相互作用、相互促动，在文化生态系统中，个体意识和价值观并行发展。

在个体意识逐渐升华的过程中，价值观完成了从个体到组织再到两者结合体，最后上升到整个组织的提升路径，从而实现了整合和集体价值观。集体价值观包括自我、他人、群体和社会等多种价值主体，物质、环境、制度、精神等多种价值客体，还有复杂价值体系，包括传媒、符号等多种中介。价值观本身所具有的导向、凝聚功能在集体范围内发挥着巨大的作用，会形成一种文化氛围和培养合力。在高校校园的文化方面，价值观的形成是一种同化的过程，是校园主体共同认可的，是先进校园文化和治校理念的结合。一旦形成统一而稳定的价值观，就可以增强学生的责任感与使命感，进而释放能量，为校园文化建设增砖添瓦。

（二）导向：提高认知水平

认知是指"人们通过推理、直觉或感知获取知识的行动或过程，或人们对外界事物进行知识和信息加工时形成想法的过程"[①]。认知和认知模式是人类产生行为的基础。认知模式引导人类行为，我们在对知识进行不断积累、应用和梳理的过程中，完成对知识的系统性整合的认知。当然，知识的产生、组合和创造不会自发地形成，需要一定的外界条件，涉及知识获取和创造的各种要素。

在分析大学文化功能构成时，文化启蒙、文化守护、文化批判和文化传承与创新被一一提到，从文化启蒙这一教育的基本功能开始，对高校青年学生进行思想启蒙和价值观启蒙，让学生逐渐成熟、更趋理性，真正成为具有陈寅恪先生所提倡的"自由之思想，独立之人格"的主体。[②] 进而在对文化的守护和批判过程中，挑战传统的、保守的文化，为知识的有效传递、转移和创新提供前提和保证。

作为高校文化生态系统中基础且重要的功能，教育导向功能对高校文化的氛围形成、环境塑造具有直接的影响。同样，文化系统的环境要素对于主体所

---

① 周立军、何自力：《认知、知识和创新本质——一个可能的综合分析框架》，《开放导报》2007 年第 4 期。

② 参见高金祥：《试析大学文化功能的产生及构成》，《黑龙江高教研究》2012 年第 5 期。

产生的潜移默化的影响也是不可估量的。文化教育传递的知识影响着学生的价值取向、生活方式和行为规范，随着学生认知水平的提升，充分发挥高校文化环境的导向功能，更能弘扬先进文化、倡导核心价值观，从而占据大学文化的主阵地。

（三）熏陶：营造校园文化氛围

"氛围"一词是被高频使用的词汇，从事组织氛围研究的学者认为，它是组织内部各成员对共享的一种认知，包括思维、理念、认知和行为表现为积极的、创造性的，而非消极的、保守的综合特征和气氛。高校文化生态系统所要营造的氛围是一种"主观型"氛围，这种氛围是个体基于共同组织形成的共同认知，具有个性色彩。

要使得校园文化进一步熏陶师生主体，应明确以下三个方面的内容：第一，高校文化生态系统氛围营造的基本要素是什么。要理解本质、抓住重点、分析层次。这些基本的要素可以是校园的园林景观、标语牌等外显的要素，也可以是校训、办学宗旨、价值观念等内隐的要素，使置身于校园文化环境中的师生随时接受熏陶感染，从而激发能量、启迪智慧、陶冶情操、净化心灵，实现思想境界的升华。第二，要素之间的关系及各自体现的功能是什么。在对高校文化生态系统各要素进行分析时，由内而外，从物质层到理念层逐层深入。在营造校园文化氛围时，也要从物质环境着手，把关键点更多放在理念层，如设计品牌学术论坛、开展品德教育等，引导学生达到高尚的思想品德境界。第三，如何发挥文化氛围的真实性能，保障机制如何建立。良好的校园文化氛围形成不是一朝一夕能够完成的，尤其是深层次的观念文化的形成。要在一个系统内部形成共同的价值观念，最终达到影响人们行为的目的，是一个长期而复杂的进程。需要一定的组织来保障文化氛围的营造，如高校的各级学生社团、学术文化论坛等。文化活动和组织建设相互促进、共同作用，才能建成和谐、上进的高校文化氛围。

（四）辐射：服务社会发展

高校文化生态系统是一个开放、动态的系统，其客观环境不仅限定在校园内部，还受到现实环境甚至是国际环境的作用和影响。在其演进的过程中，它以独有的方式作用于现代社会，成为与社会互动联结最为密切的文化活动之一。高校文化以社会主体文化为背景，是从属于社会主体文化的一个子系统，在校园里可以折射出社会主体文化的传统性、民族性、时代性和先锋性。它与社会主体文化系统息息相通，受其影响和制约，一旦失去了大系统的支撑和影响，高校文化生态子系统便失去了活力和生命力。因此，高校文化生态系统与社会主体文化系统始终是相互整合、相互促动、和谐发展的。

高校文化生态系统的辐射功能，主要是指高校文化环境要素不仅对校园主体产生影响力和感召力，还对校外环境等要素具有示范性和影响力；不仅会向社会输送素质良好、发展全面的文化人才，还会在精神文明、物质文明和政治文明建设等方面提供精神动力和智力支持。无论从历史演进发展的角度还是从现代社会发展需要的角度来看，大学是培养学生学术研究能力、繁育校园文化的重要阵地。大学是培养高尚、理性和纯粹等思想品质的重要场所，对于繁育先进的社会文化、倡导先进的人文理念、传播先进的科学技术，甚至对整个社会的经济、政治和文化的发展都具有重大的意义。

五、我国高校文化生态现状

当前，高校文化生态的主流是积极、有序、健康、向上的。高校文化生态在维护社会秩序和社会稳定方面所发挥的作用是无可替代的。我国的高校文化生态建设取得了一定成就。但是，进入 21 世纪以来，经济的全球化、政治的多极化加速推进了文化多元化与社会信息化的建设进程，随着社会大环境的变迁，高校文化生态也在经历着演变，在这一变迁和演变的过程中，出现了一些值得关注和亟待解决的高校文化生态失衡现象。

（一）高校文化生态建设的成就

自改革开放以来，我国在重视物质文明建设的同时也没有忽略精神文明建设，对高校文化建设的研究不断深入。在社会各界的努力下，高校文化生态建设取得了瞩目成就，在促进大学生全面发展、实现社会主义文化大发展大繁荣、提升国家软实力等方面发挥了无可替代的作用。进入 21 世纪以来，国家高度重视建设社会主义先进文化，结合我国国情和国际形势发展，提出了社会主义核心价值体系这一创造性理论，着力发展有中国特色的社会主义文化，大力提升国家文化软实力。党的十八大指出要建设社会主义文化强国，为实现这一战略目标，党中央进行了一系列部署，如鼓励传承、交流和创新文化，深入改革文化体制，增强文化发展活力，快速发展文化产业等，以增强文化实力和竞争力。高校文化是社会文化的组成部分，始终走在社会文化的前沿，高校也是人才培养的主阵地，校园文化建设受到党和国家的高度重视和扶持，得到全面发展。

党中央采取多项措施推广素质教育，提高大学师生的思想道德素质、人文素质和科学素质，建立多个素质教育基地，鼓励大学生进行社会实践以提高自身素质等。

我国提倡建立和谐社会，而和谐文化是其重要组成部分，开展高校文化生态建设，必须关照系统要素的平衡发展，倡导建立和谐共生的校园文化环境。通过加强学科建设，开设“马克思主义理论”一级学科，来加强马克思主义在思想政治教育中的指导地位。高校思想政治理论课程改革，让中国特色社会主义思想体系能真正地进课堂、进脑袋。我国现在正处于社会变革时期，各种思想文化碰撞交锋，矛盾重重。应该重视时代榜样、时代精神的力量，从内容和形式上丰富高校文化。在网络文化盛行的今天，我们要积极占领网络教育主阵地，发挥新兴媒体在高校文化建设中的作用。各高校已纷纷成立自己的网站，及时与学生进行沟通互动，占据网络文化主动权，拓宽校园文化建设平台，调动师生积极性和主动性。

高校文化生态建设坚持以人为本的理念，强调要“坚持以人为本，以满足人民精神文化需求、促进人的全面发展为根本目的”①。在高校文化生态建设过程中，坚持以学生为本的理念。在文化建设中从软件、硬件两方面着手，营造浓厚的人文氛围，本着“贴近学生、贴近生活、贴近实际”的原则，进一步丰富学生活动的形式与内容，通过学工委、学生组织、社团等组织社团活动，让学生在活动过程中实现自我管理和发展。鼓励学生进行社会实践，让学生在实践中关注、认识并了解社会现实，促进自身的全面发展。如在2008年北京奥运会、2010年上海世博会，乃至2014年南京青奥会等大型活动中，都有大量学生志愿者及工作人员的身影。这些活动增强了大学生的爱国情怀和社会责任感。同时，高校也关注大学生自身发展，从大学生学习、就业、情感、经济上面临的实际问题着手，采取相关措施，进行扶贫、就业指导、心理咨询等人文关怀活动。

(二)高校文化生态系统的失衡及问题

高校文化生态系统作为一个复杂的动态开放系统，通过主体与环境的相互促动和各个构成要素之间的相互作用，不断调整自身状态，逐步实现由简单到复杂、由低级到高级的发展。同其他生态系统一样，如果外来因素对高校文化

---

① 胡锦涛：《坚定不移走中国特色社会主义文化发展道路　努力建设社会主义文化强国》，《求是》2012年第1期。

系统的影响超过其控制力，致使其不能达到和谐的状态，就会造成高校文化生态的失衡。在社会大发展、大变革的今天，高校文化生态更易出现失衡现象。引起高校文化生态失衡的原因有很多，可以归纳为如下三个方面：

首先，全球化、市场化、信息化的影响。全球化是时代进步的必然，它一方面有利于各种社会意识形态的交流，开阔视野，另一方面也造成不同文化、价值体系、意识形态的碰撞和交锋。塞缪尔·亨廷顿在《文化的重要作用》一书中提到文化是“软实力”之争，在繁荣的背后，人们的态度、信念及价值观都会相应地发生变化。随着我国改革开放步伐的加快，市场化所带来的利益至上、效率优先、竞争加剧，都会给大学生带来心态的浮躁、信念的动摇和价值观的缺失。

其次，社会转型带来的挑战。改革开放以来，中国正在经历着广泛而深刻的社会变革，经济体制转变也带来了政治、文化、社会等方面的变革。改革开放和社会主义市场经济的深入发展带来了社会经济成分、就业方式、利益关系、分配方式等的多元化，导致人们的思想形态和价值观念也趋向于多元化。传统的社会主义主流意识受到冲击，部分大学生对于过去信仰的马克思主义人生观、价值观产生质疑，思想观念和评价标准由一元化转而多元化。社会转型时期是新的社会系统形成时期，旧的社会秩序已被打乱，而新的秩序尚未形成，这就造成了社会失范。旧的行为模式、价值观念已不适用，受到普遍怀疑甚至否定，而新的规范尚未确立，缺乏对社会成员的有力规范和引导，导致社会规范陷入混乱状态。这样的社会失范让思想尚未成熟的大学生感到困惑和迷茫，在价值认知和选择方面陷入困境，自然对高校文化生态产生不良影响。

最后，高校自身生态因素的不协调。高校文化系统是社会文化的重要子系统，必然存在自身生态。高校文化生态主体、文化生态环境及其下属的各要素之间能否协调相处决定了高校文化生态是否平衡。在现实生活中，有许多不和谐的因素。例如：作为文化生态系统主体之一的大学生思想的不成熟。在市场经济条件下，大学生的价值观趋于实用化和功利化，主体意识由社会本位到个人本位。另外，社会阅历浅、缺乏锻炼也导致大学生存在思想不成熟的问题，表现为思想上的困惑和迷茫、行动上的摇摆不定，为和谐高校文化建设增加难度。

受内外环境的双重影响，高校文化生态系统不仅打破了内部环境的平衡，更带来了物质文化建设、制度文化建设，特别是精神文化建设的一系列问题。高校精神文化环境是高校文化生态的主导及核心。单纯的精神只有在被实践主体内化于心、外显于行之后才能形成精神文化。高校的精神文化反映出一所学校的人文情怀、科学底蕴和治学风范，体现在师生精神面貌、价值追求、道德水平等方方面面。学生群体的价值观是高校精神文明建设中至关重要的一节，目前，大学生群体的价值观主流是健康向上的，但仍存在诸多问题，对建设和谐共生的高校文化生态系统产生了不良影响。社会变革引起的思想、文化大碰撞使得本土文化和外来文化、主流文化和边缘文化、精英文化和大众文化之间形成了多维文化交往模式。部分大学生忽视自身文化修养，没有意识到自己作为知识分子应该承担的文化责任；部分教师缺乏角色意识，忽略了自身的学者身份，大学人越来越热衷现代化网络技术，不愿意动笔动脑，传统的纸笔文化被忽视。部分大学人忽视精英文化而沉浸于充满暴力、色情、无病呻吟等因素的缺乏内涵和底蕴的低俗文化中，不愿进行有深度的评判和思考。

文化生态最重要的核心是价值观、尤其是核心价值观的建设，高校文化生态也是如此。当前大学生价值观存在两重性，部分学生受到社会、自身等因素影响，价值观还存在一些问题，制约自身成长，影响高校精神文化建设，不利于高校文化生态和谐发展。从人生价值观维度上看，他们已经有了自我成长意识，开始考虑自身发展，但尚未完全形成系统。对实现自身价值和理想具有强烈的愿望，弱化社会价值的实现、追求个人利益的消极趋向较为明显，这种自我本位的思想导致部分大学生在行为上急功近利，只看重自身利益，缺乏奉献精神和合作意识，社会责任感弱。从政治价值观维度上看，功利色彩较强，社会理想较弱。作为对社会变革最敏感的群体之一，当代大学生的政治关注度和批判意识越来越强，大学生党员也成为党员队伍中的中坚力量。有些大学生政治信仰坚定，但多数学生党员入党的实际目的是方便就业和职场升迁，而非真正信仰共产主义。大学生政治信仰趋于实用性和功利性，缺乏正确的社会理想。从道德价值观维度上看，当代大学生的道德认知较强，但道德实践较弱，难以在实践中运用。大多数大学生能够继承传统文化中的宝贵财富，也能身体力行地进行奉献，具有社会责任感和奉献意识。从择业价值观维度上看，当代大学生的竞争意识强，创业意识弱。随着高等教育普及化，大学生面临着越来越严峻的就业形势。压力面前，他们的竞争意识和上进意识较强，在职业选择上比较务实。“是否有利于个人发展”“经济收入高，福利待遇好”和“单位环境”成为当代大学生选择职业时优先考虑的因素。择业上大学生更注重个人发展和物质财富积累，艰苦创业意识弱，唯利色彩重。

高校文化生态系统的建设具有一定的文化意义、社会意义以及现实意义，对大学生价值观塑造、品行养成发挥着至关重要的作用。高校文化生态系统的主体、环境以及各个要素之间能否协调相处，决定了系统能否和谐与平衡。在本书构建的系统模型中，理念层是核心层，流布于各个系统要素之间，起着范型统摄的作用，价值子系统一并发挥着引领作用。从现实表现来看，部分大学生受到享乐主义、拜金主义的影响，存在道德认知和实践行为脱节的现象，各种文化激荡让大学生在价值认知和选择方面存在更多误区和困惑，亟待树立正确的价值取向，并构建行为约束体系。

第二章　文化生态系统开放对大学生价值观发展的影响

本章在对文化生态环境分析的基础上，归纳中央关于文化建设的政策文件，综合文化发展实践，借鉴学派关于文化体制划分阶段的不同观点，提出了自己对改革开放以来大学生价值观变化的划分阶段，并对大学生价值观演变的规律进行研究，以充分论证文化生态对当代大学生价值观的影响及发展路径。

第一节　文化生态系统开放的背景分析

文化生态环境从宏观构成上是指影响文化存在和发展的大环境概念，涵盖了外环境和内环境两方面的内容。外环境受社会、经济、政治等因素的影响，内环境则具体指文化范畴下各种不同学派、不同地域和不同民族的文化。由此，对文化生态环境的分析可以选取其中的关键点展开，在影响文化发展的社会环境和制度环境着手，从国家政策、制度的修订和不同学派对文化体制改革的阶段论述为切入点，具体分析文化作用的社会认同对大学生价值观变化产生的影响，为划分大学生价值观演变阶段提供依据。

一、政策与实践:文化作用的社会认同

党的十一届四中全会中叶剑英首次提出“社会主义精神文明”的科学概念，将其纳入实现四个现代化的整体发展战略，拉开了中国共产党新时期加强文化建设工作的序幕。“1979 年，在第四次文代会上发表的祝词中，邓小平进一步指出，社会主义精神文明建设与社会主义现代化建设是一致的，着重强调‘我们要

在建设高度物质文明的同时'，还要'建设高度的社会主义精神文明'。中国共产党又在十二届六中全会的决议中确立了社会主义精神文明建设的战略地位，十四届六中全会的《决议》不仅把精神文明当作现代化建设的保证，还把它看作现代化建设的重要目标，这意味着，精神文明建设将贯穿社会主义建设的始终，保证我国现代化建设沿着正确道路发展。"[①]

改革开放之初，党和国家就明确提出要在文艺领域有一个新的发展，传达出了党和国家在批判"文化大革命"错误路线的基础上进行文化建设的讯号。尤其是在邓小平接管教育工作后，全国科学大会的召开和对"两个估计"的批判，使全国的教育文化事业迅速得到了恢复与调整，整个学术界也恢复了科研热情。此外，自1977年恢复高考以来，有幸走进大学校园的大学生群体也把满腔热情投入到大学学习生活中，更加真切地体会到了个人命运与国家发展命运的紧密结合。在整个科学教育界逐步摆脱"文化大革命"影响的进程中，中国也逐渐迎来了"尊重知识、尊重人才"的春天，激励了成千上万的人重新审视文化教育的重要性，使中国的文化教育事业带动人才培育逐渐走上了健康发展的轨道。

1986年9月，党的十二届六中全会通过的《中共中央关于社会主义精神文明建设指导方针的决议》深刻阐明了我国精神文明建设的战略地位、根本任务和指导方针，对于推动我国的文化体制改革具有重要的指示意义。在十一届三中全会以来精神文明建设所取得成果的基础上，《决议》明确了精神文明建设的基本内容。作为建设精神文明的配套工具，文化体制也由此明晰了改革方向。《决议》提出社会主义精神文明建设的重心是要培养有理想、有道德、有文化、有纪律的公民，提升公民的科学文化水平和思想道德素质。在这一时期，"中国共产党的领导核心虽然认识到了精神文明建设的重要性，但是在各地区、各部门开展精神文明建设工作的过程工作中，还是存在着一些错误认识，因而没有对精神文明建设工作给予足够的重视，造成物质文明和精神文明建设发展不平衡，精神文明建设工作受到冷落、不能发挥其应有的作用。针对这种状况，邓小平提出了'两手抓，两手都要硬''一手抓物质文明建设，一手抓精神文明建设'等思想"[②]。由此可见，社会主义精神文明建设也是在整个国家重心转移到经济

① 王文强：《改革开放以来中国共产党文化理论创新研究》，南开大学博士学位论文，2013年。

② 王文强：《改革开放以来中国共产党文化理论创新研究》，南开大学博士学位论文，2013年。

建设上来的经济社会生态的影响下提出的，充分体现了社会存在决定社会意识的哲学原理。不仅如此，将社会主义精神文明建设的具体内容划分为思想道德素质和科学文化素质本身就是对包括公民价值观在内的思想意识进行科学、合理引导的重视。

1992年10月，党的十四大胜利召开，大会的报告明确指出："物质文明和精神文明都搞好，才是有中国特色的社会主义。精神文明建设必须紧紧围绕经济建设这一中心，为经济建设和改革开放提供强大的精神动力和智力支持。"[①]提出要"积极推进文化体制改革，完善文化事业的有关经济政策"[②]，文化建设的经济层面内容得以突出。1992年适逢邓小平南行讲话，解决了社会中姓"资"与姓"社"的论辩问题，确立了发展经济这一关键问题。十四大还明确提出了建立社会主义市场经济体制。社会宏观背景加之具体政策，给文化建设注入了新的活力。在十四大报告中，科学技术被放在了极为重要的地位，提出了"科学技术是第一生产力，经济建设必须依靠科技进步和劳动者素质的提高"[③]的论述。至此，社会主义精神文明与物质文明建设的关联性得到进一步加强。与此同时，十四大的召开也重申了中国特色社会主义理论在社会主义建设中的重要作用和重大意义，这也对我国主流价值观的形成提供了基本的理论铺垫和文化氛围。

1997年，中共十五大召开。在十五大报告中强调了要建设有中国特色的社会主义经济、政治、文化，这三个建设不是孤立悖行的，而应该有机统一起来，更加突出文化建设的重要地位及作用。文化发展日渐成为体现综合国力的重要标志，是关系到国家发展、民族振兴的前途命运问题。时任国家主席江泽民多次在讲话中指出，建设有中国特色的社会主义文化同一贯倡导的社会主义精神文明建设是一致的，要以马克思主义为理论指导，培养"四有"公民，发展科学的、民族的、大众的社会主义文化。文化来源于人民，服务于人民，要发扬和借鉴中华优秀传统文化，建设有中国特色的社会主义文化。

---

① 中共中央文献研究室编：《中共十三届四中全会以来历次全国代表大会中央全会重要文献选编》，中央文献出版社2002年版，第140页。

② 江泽民：《加快改革开放和现代化建设步伐夺取有中国特色社会主义事业的更大胜利——在中国共产党第十四次全国代表大会上的报告》，1992年10月21日《人民日报》。

③ 江泽民：《加快改革开放和现代化建设步伐夺取有中国特色社会主义事业的更大胜利——在中国共产党第十四次全国代表大会上的报告》，1992年10月21日《人民日报》。

中共十六大于2002年11月在京召开，会上通过了新党章，将马克思列宁主义、毛泽东思想、邓小平理论与“三个代表”重要思想一并写入党章，成为党的指导思想的最新成果。在微观层面，赋予了文化体制改革更加明晰的要求；在宏观层面，文化体制改革要以系统、整体的方式推进。从这一年开始，“文化产业”一词正式出现在官方文件中。国家开始重视文化产业的发展，支持力度加大，对文化产品的开发、生产、分配以及这个过程中产生的服务活动成为文化发展的重点支持领域，将社会主义文化建设推进到实践中去再加工、再创造，让人民群众共享繁荣多彩的文化成果。

2006年，党的十六届六中全会通过《中共中央关于构建社会主义和谐社会若干重大问题的决定》，首次提出“建设社会主义核心价值体系”的重大命题和战略任务，之后仅隔一年，就又被写入十七大的报告中。[①] 社会主义核心价值体系，目的是在社会主义意识形态领域占领制高点，增强社会主义理论、制度和道路的吸引力、感召力和影响力，为推动社会主义文化建设注入了新的血液。直到党的十六届六中全会提出“社会建设和管理”以后，我们党确立了“四位一体”的现代化建设总体布局。2006年还出台了第一个由国务院颁布的国家层面的权威性战略——《国家“十一五”时期文化发展规划纲要》，这一规划纲要具有重要的理论价值和现实意义，成为第一个专项部署文化建设的纲要。这无疑改变了计划经济时代文化权力高度“集中”于中央政府的情况。随着我国经济体制和行政管理体制的改革，中央与地方适度分权，适应了社会发展的需要，成为各个领域的大趋势。所谓的“文化发展战略热”也在一定程度上显示了中央与地方重新进行文化事权划分的可能性和方向。党的十七大报告中明确提出“提升国家文化软实力”的战略任务。提升国家文化软实力战略思想的提出，是对我国文化发展方向的正确把握，反映了我们对世界文化发展的科学判断，是高度文化自觉和文化自信的映射。

2011年10月，党的十七届六中全会发布《关于深化文化体制改革推动社会主义文化大发展大繁荣若干重大问题的决定》。《决定》指出：“全面分析形势和任务，认真总结我国文化改革发展的丰富实践和宝贵经验，研究部署深化文化体制改革、推动社会主义文化大发展大繁荣，进一步兴起社会主义文化建设新

---

① 参见胡映兰：《社会主义核心价值体系理论的新发展——从十六届六中全会到十七大》，《道德与文明》2008年第2期。

高潮，对夺取全面建设小康社会新胜利、开创中国特色社会主义事业新局面、实现中华民族伟大复兴具有重大而深远的意义。”①文化建设从此进入了发展的新阶段，被赋予了更为重要的意义。

2012年，党的十八大报告中精练地概括了社会主义核心价值观的基本内容，即“倡导富强、民主、文明、和谐，倡导自由、平等、公正、法治，倡导爱国、敬业、诚信、友善，积极培育和践行社会主义核心价值观”②。这“24字”的总结实际上涉及了三个层次的价值观建设问题，推广国家、社会和公民各个层面发展建设的科学、合理的审视标准：国家要富强、民主、文明、和谐；社会要自由、平等、公正、法治；公民要爱国、敬业、诚信、友善。这样的价值观体系更有层次感，既有宏观的价值体系，又有可操作性的个体公民守则精神，创造了社会主义精神文明建设的新活力与新发展。社会主义核心价值观的提出有力支撑了具体的社会主义精神文明建设，为社会主义精神文明建设向前发展和社会主义文化大发展、大繁荣提供了推动力。

2013年，党的十八届三中全会召开并发布公告，要求“紧紧围绕建设社会主义核心价值体系、社会主义文化强国深化文化体制改革，加快完善文化管理体制和文化生产经营机制，建立健全现代公共文化服务体系、现代文化市场体系，推动社会主义文化大发展大繁荣”③。本次文化体制改革的提法亮点突出，其中一系列文化管理体制改革的问题和政体分开、“建立健全现代文化市场体系”“构建现代公共文化服务体系”以及政府文化部门由“办”到“管”的转变，使得文化体制改革明确了新的建设中心和建设目标。这种面向全民的文化体制改革是需要在实践中由人民群众所检验的，真正做成为人民群众所喜闻乐见的文化事业是社会主义文化建设的具体内容和重要目标。

这些重要的历史节点都昭示了文化生态在不同历史背景下的不同表现及其对社会文化主体的具体思想和具体行为的影响和作用。每一次文化政策的确立和每一次文化体制的改革都是对社会文化生态的反映，同时又对包括社会主流价值观在内的社会文化产生深远的影响。

---

① 《中共中央关于深化文化体制改革推动社会主义文化大发展大繁荣若干重大问题的决定》，2011年10月26日，http://theory.people.com.cn/GB/16018030.html.

② 吴潜涛：《深刻理解社会主义核心价值观的内涵和意义》，2013年5月22日《人民日报》。

③ 新华网：《十八届三中全会公报》，2013年11月12日，http://news.cnr.cn/native/gd/201311/t20131112_514111965.

二、学派争鸣:文化体制改革的阶段论

自1978年改革开放以来,我国的文化体制改革历经了30余年的历程。对于这30余年的改革历程,学术界进行了丰富的研究,尤其是在改革历程的分段问题上,建树颇多。总结起来,主要有霍步刚、傅才武提出的"两段分期",陈劲松提出的"三个发展阶段"以及邱仁富提出的"四个阶段"。

霍步刚、傅才武将我国的文化体制改革历程分为"探索与试验阶段(1979～2005)"与"深化与拓展阶段(2005年12月以后)"。[①] 在第一阶段,我国文化体制改革处于量变的过程,还没有出现质变的结果。由于受到中华人民共和国成立以来计划体制的影响,文化体制中的计划因素依然占据优势。在具体的改革进程中,文化体制并没有采取简单粗暴的"一刀切"做法,将计划因素全部剔除干净,而是温和、渐进地将市场力量注入计划体制中,形成一种齐头并进的局面。改革中没有出现一方因素全部主导的情况,而是主辅搭配、相互配合。过去文化建设中管办不分的状况开始有所好转,民营力量也开始涉足文化市场。但从总体上看,计划体制的文化管理模式依然没有发生变化,国有与公有制成分依然在文化市场中占据主导地位。在第二阶段,我国在之前量变积累的基础上,开始进入质变的过程。在与文化市场环境相配套的文化政策方面进行创新以鼓励文化企业发展,推动经营性文化单位走向市场。政府与社会不同阶层的改革力量在第一阶段进行了有益的探索,政府在制度层面进行变革,社会不同阶层力量则顺应变革,配合政府的改革尝试。在文化体制改革试点的过程中,两方面相互配合,共同行动。最终两股力量汇合在一起,共同推进文化体制改革。

陈劲松将我国的文化体制改革历程划分为"文化体制所有制的变革与文化市场的建立(1978～1992年)""财政投入机制的变革与文化产业化(1993～2002年)"与"制度全面创新与发展文化生产力(2003年至今)"三个阶段。[②] 在第一阶段,1978年改革开放以后,我国经济体制开始进行改革,经济形势也开始好转。文化领域重新焕发了活力,出现了新的发展。活力的增强愈加显现出了

---

① 参见霍步刚、傅才武:《我国文化体制改革的理论分期与深化文化体制改革的策略问题》,《中国软科学》2007年第8期。

② 参见陈劲松:《社会主义新时期我国文化体制改革的历程》,《江淮文史》2008年第5期。

老旧文化体制的弊端，其越来越不适应国家整体向前发展的要求，势必要进行变革。首先，政治与文艺得以区别开来，这就为文化体制变革提供了有力支撑，使得文艺获得了解放。其次，在具体的艺术团体经营中，除去国家主办的院团，鼓励多种经济成分参与进来。在这一时期，经济体制改革催生了文化体制的变革，而且使社会逐渐认识到文化不仅仅是一项事业，而且是一项产业。文化市场的概念得以提出，文化市场的地位得以承认。在第二阶段，经过之前的变革与调整，文化体制改革的重要性再次得以突出。在文化市场得以承认、文化产业属性逐渐得到认识的基础上，在中央正式文件中，文化产业的概念得以正式提出。随后，在广播影视业领域，文化产业化正式付诸实施，集团化建设成为改革的着力点。在同一时期，财政投入机制也在进行变革尝试。对于艺术团体的资金划拨，不再实行全款拨付，而是采用演出场次补贴制，补贴额度取决于演出的数量，多劳多得。在广播电视业领域，以中央电视台和中央人民广播电台为试点，实行"核定收支，比例上交，超支不补，结余留用"。在第三阶段，文化体制改革出现了新的发展。在对文化市场、文化产业承认的基础上，文化首次被明确分为两个部分：文化事业和文化产业。文化体制改革获得了新的发展目标。而在物质文明、精神文明和政治文明的三方关系中，文化建设被赋予了协调者的角色，从而为文化体制改革创造了更加良好的社会环境。2004 年，"解放和发展文化生产力"这一说法第一次提出，对于文化体制改革的理解再次得到深化，文化产业的发展获得新的大方向。

邱仁富将文化体制改革分为"四个阶段"："萌芽阶段（1978～1983 年）""曲折探索阶段（1984～2001 年）""全面开展阶段（2002～2007 年）"与"跨越发展阶段（十七大召开以来）"。[①] 在萌芽阶段，文化体制方面的首要工作是摒弃"文化大革命"期间形成的错误的文化发展路径和相关政策。"文化大革命"对我国的文化建设造成了重创，几乎瓦解了中华人民共和国成立以来形成的良好的文化发展机制。在废除"文化大革命"期间文化领域错误的相关政策的基础上，恢复我国的传统文化发展机制，在扬弃中萌发文化体制改革的幼苗。"文化大革命"之后，社会各界都认识到了文化体制改革的必要性，但在具体的方向问题上存有不同的理解，文化体制改革进入了曲折探索阶段。在这一时期，世界政治环境风云突变，资产阶级自由化思潮盛极一时，并与其他思潮一道涌入我国，蒙蔽

① 参见邱仁富：《改革开放三十年我国文化体制改革论纲》，《甘肃理论学刊》2008 年第 4 期。

了一些在思想上尚未成熟的青年，造成了最终的政治风波。国家的整体发展受到影响，而文化体制改革也受此波及，原地踏步，停顿不前。此后，文化管理体制以及与文化市场、文化产业相关的政策不断得到完善。政府工作报告中，有关文化体制的内容屡屡被提及并获得强调。在曲折探索之后，文化体制改革进入了全面开展阶段。经过之前20多年的坚苦探索，文化体制改革已经储备了丰富的实践经验，为全面开展奠定了基础。在这一时期，党的多次重大会议中都强调或明确提出"文化建设""大力发展文化产业""解放和发展文化生产力""文化体制改革"等。这些表述说明文化体制改革进入了系统化、整体推进的模式中。此外，在具体领域中，文化体制改革也是成就斐然。文化相关管理机制、政策、立法得到完善；文化产业不断向前进步；文化市场不断得到培育。在改革全面开展后，文化体制改革迎来了跨越发展阶段。"和谐文化""文化大发展大繁荣"成为这一时期的关键词。党的十七大报告提出了两个关键点："深化文化体制改革""大力发展文化产业"。[①]

以上不同流派的观点虽然在关于文化体制改革的具体发展阶段划分上有所分歧，但是在认同社会文化生态对社会文化主体的影响和作用方面却是一致的。文化体制的改革必然是文化生态在一定时期内的内部调适与反应，对不同的社会文化主体的具体思想和行为都有不尽相同的影响。在整个文化大环境中，高校大学生等社会行为主体更容易受到文化氛围和文化环境的影响和熏陶，从而及时地调整自己的思维方式和行为习惯。此外，这类社会主体还善于洞悉并利用每一次文化体制变革的契机，彰显自己的文化信仰和价值观，是活跃在文化环境中的重要载体。客观事实表明，高校大学生就是一类特点鲜明的社会文化主体，他们往往处在社会文化变迁的前沿，能够及时洞悉文化发展并作出相应的反应，加之他们正处在人生的黄金阶段，思维活跃、朝气蓬勃，对于文化的感知和回应有着自己的理解和独特的表现。

第二节　文化语境观照下，大学生价值观从一元到多元

在对改革开放以来我国文化生态语境分析的基础上，本研究以国家政策，

---

① 参见胡锦涛：《高举中国特色社会主义伟大旗帜　为夺取全面建设小康社会新胜利而奋斗》，人民出版社2007年版，第36页。

特别是与文化发展关联密切的政策文件下发时间为节点，结合文化体制改革发展的实践活动，借鉴学术界对文化发展阶段的分析论述，尝试将改革开放以来大学生价值观的变迁分为以下三个阶段，并对每个阶段的划分依据及特征作出相应的分析。

一、冲破一元化，价值观的重塑(1978～1992 年)

改革开放前，我国长期处于政治、经济高度集中的计划时代，人们的衣食住行都呈现出单一化的特点。由此而产生的文化生活也同样处于高度集中和高度统一的状态。十年的“文化大革命”给中国带来了重大的灾难。“文化大革命”结束之后，中国人开始了对过去十年的反思。1978 年，“真理标准问题”大讨论的顺利开展，确立了“实践是检验真理的唯一标准”，打破了长期以来的教条主义和盲目的个人崇拜的束缚，无论是从社会还是个人角度来看，意识形态领域开始有所松动。1986 年，党的十二届六中全会通过《中共中央关于社会主义精神文明建设指导方针的决议》，明确了精神文明建设的基本内容。1992 年 10 月，党的十四大报告更加突出了精神文明建设的重要性，精神文明建设和物质文明建设的关联性得到进一步加强，为我国主流价值观的形成提供了基本的理论铺垫和文化氛围。

这一时期的大学生开始冲破一元价值观的主导，随着我国在政治路线和思想路线上所开展的拨乱反正，青年的个人价值观出现了苏醒的迹象，大学生开始独立思考自己的人生价值和理想。这一时期的大学生价值观呈现出以下特点：

(一)自我主体意识的苏醒

改革开放以前，我国长期奉行集体主义原则，强调国家和集体的利益高于一切。“人活着是为了使别人生活得更好”“为了人民献出生命也在所不惜”是当时青年所奉行的价值观。1977 年，高考制度的恢复使得青年有机会再次走入大学进行学习。他们开始再次接受科学文化知识的教育与熏陶，开始寻找迷失的自我。而 1978 年以后，党和国家开始承认个人利益，社会也开始重视每个人的个人利益，强调国家、社会和个人利益并重。1980 年刊登在《中国青年报》的一封“潘晓的来信”引起了社会、尤其是青年关于生活和价值观的大讨论。当时的大学生普遍认为，社会应当重视和承认个人价值，应当尊重个人的劳动成果和个人创造的财富。在改革开放初期，大学生虽然在前行的道路上仍略有胆怯，但也十分希望得到应有的认可，十分希望作为第一批大学生在社会中充分发挥自己的价值与作用。

(二)个人利益与集体主义并存

这一时期的大学生不仅重视个人价值的实现，也开始关注个人利益的获得。改革开放以前，我国长期实行“人民公社”等集体主义的经济运营模式，人民习惯了“大锅饭”的生活，认为一切都应以集体利益为重，一切都应当服从集体的安排。这样一种模式在保证社会贫富差距较小的同时，也在一定程度上扼杀了劳动者创造劳动财富的积极性。

改革开放以后，我国逐渐开始推行农村“家庭联产承包责任制”和城市“浮动工资制度”。以上述两项为代表的一系列新制度的推行无不强调了按劳分配的重要性，这也使得包括大学生在内的社会群体开始关注自己的个人利益。经济领域的制度改革也同样延伸到政治和文化领域，更延伸到大学校园内部。在大学里，学生的学业成绩和他们的政治前途和就业也挂起钩来，这就令学生更加重视自己个人的学业发展，更加意识到与他人竞争的重要性，更加感受到社会市场化所带来的方方面面的压力。从此以后，大学生普遍开始关注个人的发展与个人的利益。

虽然大学生开始看重个人利益的获得和个人价值的实现，但其仍然是从国家利益、集体利益的角度出发去评价自我。一方面，大学生开始思考和评判社会能够给自己带来的价值，希望能够从社会和集体中汲取更多的资源来服务于自身的发展；另一方面，他们也十分重视自己对于社会的意义，努力通过自己的奋斗奉献社会，为社会尽一份力。个人的价值应当在社会中体现出来，社会评价是检验自身发展成功与否的重要标准。

由此可见，这一时期虽然大学生价值观中个人利益和权利意识的比重有所增加，但这种增加并没有导致对国家利益和集体主义的摒弃，而是在社会的大环境下去实现自己的个人价值。

(三)西方思潮涌入带来的波动

随着改革开放以后外交政策的调整，中国和西方国家的交流与合作已经深入到了文化观念的领域。大量的西方文化通过不同的文化载体传入中国，对中国一直以来的价值体系造成了巨大的冲击。西方人所追求的价值与中国传统观念有着较大的差距，这种差距不仅让中国人看到了西方思想与中国观念的不同，更看到了中国社会与西方社会所存在的巨大差距。

西方价值观念的流入也直接导致了西方价值判断标准在青年中的盛行。大学生开始用西方的价值判断标准来评价中国社会的发展现状和改革开放，来指导和规划自身的行为。这也间接造成了20世纪80年代中后期大学生思想潮流中所出现的自由化趋势。

（四）价值观的矛盾冲突

这一时期的大学生在价值观的形成上出现了“迷茫”，甚至是“眩晕”，大学生不知道如何定义自身的价值观。一方面，由于社会的急剧转型和变革，传统的价值观已经不再适用于当今社会的发展要求，以强烈的爱国主义和集体主义为主导的价值观受到了一定的冲击；另一方面，新的社会价值观又没有完全成型。虽然人们开始重视个人价值和个人利益，但社会大众始终没能够形成一个新的、能够取代原有价值观的核心价值观。因此，青年在自身价值观的确定上也同样迷失了前进的方向。

在价值判断标准层面，也出现了“多元化中的矛盾”现象。各类价值判断标准之间存在的差异性较大，大学生的价值取向波动不稳，有时候甚至会矛盾、混乱，时而看重“收入”，时而看重“奉献”，时而看重“名誉”。大学生的价值选择出现了自我矛盾的现象。

二、理性而实际，价值观的多元（1992～2006年）

进入20世纪90年代，国际环境波动剧烈，国际政治格局发生新的变化。而在国内，随着文化生态系统的逐步开放，政治文化也发生了深刻的变革，经济建设加快步速，西方各种思潮涌入，冲击着大学生原有的价值观念。1992年1月邓小平的“南方讲话”和中共十四大所提出的“建设社会主义市场经济”则给了大学生信心，给了大学生关于社会主义的新的认识。2002年中共十六大召开，将“三个代表”思想列入党章，积极推进文化事业和文化产业的发展。2006年，国家开始提出“社会主义核心价值体系”命题和战略任务，并出台了第一个专门部署文化建设的中长期规划——《国家“十一五”时期文化发展规划纲要》，社会主义文化建设开始提升到国家战略发展的新高度。从社会发展来看，互联网的发明和引入使大学生有更多的机会接触外部世界，尤其是西方国家的经济现状和思想现状。这也间接导致了大学生价值观的多元性。更加值得注意的是，中国充分进行市场经济建设给大学生思想带来巨大的冲击，此时的大学生似乎淡忘了集体，开始专注于个人利益的获得和个人价值的实现。这一时期的大学生价值观呈现出以下特点：

（一）更加理性

随着各种思潮的引入，大学生的价值判断标准不再单一化。在 20 世纪 90 年代以前，大学生常常以社会统一的标准作为自己的价值判断标准。而在 20 世纪 90 年代之后，他们的主体意识不断增强，倾向于用自己心中的标准去判断事物，而不再遵从于社会统一化的评价。事物的是非好坏对于彼时的大学生来说已经不再是一个二选一的选择题，而是一个可以根据自己主观判断发挥的简答题。每个人都渴望也逐渐习惯用自己的所思所想去判断事物。

此外，大学生在认识事物时更加理性。他们力图看到事物客观的一面，力图不受外界因素和主观因素的影响去认识事物。随之而来的是大学生对于客观事物的宽容。大学生不再激进而急切地看待事物，而是通过理性的分析与思考来形成自己对事物的认识。因此，他们也能够更加宽容地对待价值观的多样性。

（二）世俗功利化

20 世纪 80 年代中期，大学生中已经出现了世俗化倾向的萌芽，大学生已经开始追求个人的利益。进入 20 世纪 90 年代直至 21 世纪初，我国改革的方向已基本确定，社会大众已经度过了价值观的迷茫期，世俗化已经开始在实践中对人们的价值观造成影响。

从大学生的四年大学学习生活来看，在入学伊始的专业选择上，大学生倾向于选择经济管理、法律、计算机等专业，期望能通过专业的选择为自己谋求更好的就业机会和更高的薪水。在就业选择上，大学生最看重经济收入、个人发展前景、工作城市和出国深造机会等诸多与个人相关的因素；而对于工作性质以及工作是否能为社会创造巨大的精神财富等方面，大学生不再给予像 10 年前那样程度的重视。在大学生的人生目标设立上，他们不再设立十分远大的目标，不再迫切期望能为社会做出重大的贡献，而是设立了较为实际的短期目标，有时会表现出急功近利的特征，期待在短时间内实现自己的价值。

（三）自我意识更为突出

这一时期的大学生在价值观上已经向个人本位偏移。大学生在思维方式和行为方式上更加关注自我，关注个人利益。随着 21 世纪的到来，我国加入世界贸易组织、申奥成功等一系列事件使得中国更加国际化。随之而来的就是国际化的思维和市场化的价值评判体系，这在一定程度上也使得大学生的性格变得更加张扬。在这一阶段,每个人都期望可以作为独立的个体得到社会的认可和尊重。

而这样一种趋势也同样导致了大学生在某些社会道德领域的冷漠和自私。例如:大学生不愿意到偏远地区支教,而愿意在城市中找到一份相对安稳的工作;很多大学生在校期间对于志愿服务等工作不够积极,而是十分关心自己的分数和个人荣誉。这样的现象也说明了在世纪之交,大学生价值观的发展和我国社会的发展一样进入了深水区和瓶颈期,大学生中已经出现了过分强调个人价值和个人利益的趋势。

三、宏观上一致,价值观的整合(2006 年至今)

21 世纪以来,我国经济发展已经融入了全球化的大潮,同西方在政治、经济、文化等诸多领域开展了前所未有的交流。在这一时期,国家从顶层设计上开始抓价值观体系建设,用和谐一致的价值观来促进社会稳定、提升国民素质。2006 年,党的十六届六中全会召开,正式明确提出“建设社会主义核心价值体系”这一重大命题和战略任务。同年 3 月 4 日,“社会主义荣辱观”“八荣八耻”的提出迅速在大学生中间引起了强烈的反响,青年大学生开始用新的标准对自己的行为和社会现象进行判断和评价,大学生的价值观也在宏观上呈现出一致化的趋势。2012 年,党的十八大报告正式提出了社会主义核心价值观的“24 字”内容。这是对社会主义核心价值观的最新描述,也为大学生树立自己的价值观提供了基础和参照。十八大后,习近平又提出了以“实现中华民族伟大复兴”为核心的中国梦。每个大学生也与此同时开始思考“我的中国梦”,将个人理想与民族复兴紧密地联系起来。习近平围绕治国理政提出了很多新思想、新论断。在建设社会主义文化强国方面,于 2014 年多次谈到如何培育、弘扬和践行社会主义核心价值观,要求社会各界,特别是青年学生要积极践行社会主义核心价值观,并提出了具体要求。

在这一阶段,中国大学生更加强调个人主体意识、公民意识和民主意识。随着经济的快速发展和国际地位的不断提高,我国逐渐以一个大国的形象出现在世界的舞台上。青年学子对于中国的归属感和认同感不断增强,大学生心中的国家自信感和国家骄傲感也慢慢升温。大学生的价值观开始逐渐整合,趋于宏观上的一致,表现出以社会主义核心价值观为一元主导、多元文化并存的趋势。这一时期的大学生价值观呈现出以下特点:

（一）自我价值诉求强烈

进入21世纪后，在校的大学生多为“90后”“00后”。在这一物质生活水平高速发展的时期，“中国式父母”在孩子的成长过程中投入了巨大的心血。进入大学之后，大学生对于实现个人价值的需求很高，每个人都希望通过大学的学习实现个人的理想。而伴随着市场经济制度的日趋完善，大学生也开始全面、重新审视自我价值。

（二）乐于承担社会责任

这一时期，中国办了许多件“大事”，这也使得大学生对于祖国的认同感不断增强。2008年的汶川地震，中国人民在新世纪第一次展现出了令人叹为观止的凝聚力与向心力。而作为精神领域先锋队的大学生，无论是救援还是捐助，都在用自己最真挚的行动展现着对祖国的热爱与关切。同样是在2008年的北京奥运会上，以大学生为主体的奥运志愿者让全世界人民看到了中国的微笑，感受到了中国的好客。而后的2010年上海世博会和2014年南京青奥会，一代一代的志愿者们薪火相传，用志愿服务的高涨热情展示着中国大学生群体的凝聚力。此时的大学生，在为国家服务的过程中始终能够克服困难、迎难而上，有着“保证完成任务”的决心和使命感。他们把国家的大事作为自己的大事，为国家的大事放弃自己的小事。在价值判断标准上，大学生希望通过一个又一个的志愿服务来体现自身的价值，他们以无私奉献为荣，不仅积极承担起了社会责任，还在志愿服务和实践过程中享受到成长带来的快乐。

（三）价值取向趋于合理一致

在这一时期，大学生在价值观上出现了总体和宏观上的统一化趋势，过去几十年所出现的各种思潮在这一时期被引导整合。同时，微观上的价值观依然呈现出多元开放的格局，每个大学生个体都拥有不同于他人的个人思想。因此，当下出现了以社会主义核心价值观为主导的一元引导、多元并存的大学生价值观格局。大学生对于真理、奋斗、向上的追求更加积极主动，对睿智深邃的传统文化和道义哲学更为渴求，对中国社会发展成就和国际地位提升认可度增加，逐步增强了对中国“道路自信、理论自信、制度自信”的认可，开始结合国家、社会和个人发展畅想“中国梦”“我的梦”，进一步明确了坚定而正确的价值取向，扣好人生第一粒扣子，在勤学、修德、明辨、笃实上下工夫，努力将社会主义核心价值观变成可信、可依、可为的理想信条和行为准则。

第三节 文化发展规律下，大学生价值观从自发到自觉

文化受到系统环境开放性，或者说文化自身开放性的影响，遵循着一定规律发生变化。文化的发展是朝着先进文化方向驱进的，在系统内部、外部环境的相互作用、相互影响下，文化逐渐完成更新、扩展和升华过程，同时也经历着先进文化与落后文化甄别、扬弃的过程。从本质上看，文化发展同人的发展是一致的、同向的，文化发展规律要从人的主观需求出发，尊重主体的价值诉求；人的价值实现也离不开文化环境的发展、变化，需要顺应文化规律，以助于实现自我价值和社会价值。

价值观，在学科概念上属于社会意识的范畴，因此，个人价值观的形成与发展必定是社会存在在人脑中的反映过程，不同的主观与客观事实环境下会催生不同的思想观念，这些思想观念有机系统的整合便构成了个体的价值观。青少年是国家建设与发展的后备人才，因此，对于这一特殊群体价值观的发展变化规律的研究直接关系到国家未来的基本社会构成与社会形态，也关系到我国社会主义精神文明建设能否取得实质性的成功。改革开放以来，受经济发展和社会风气变化的客观环境影响以及更为多元的思想潮流和文化的冲击，我国大学生的价值观也发生了变化，呈现出一定的趋势及规律。综合来看，当代大学生的价值观发展规律主要可以概括为四点：第一，大学生价值观形成具有自发性与自觉性；第二，大学生价值观形成存在必然性与偶然性；第三，大学生价值观形成与社会变革之间存在共振性；最后，大学生价值观形成与主体意识存在交互性。

一、大学生价值观形成的自发性与自觉性

“自发性是人在没有认识和掌握事物本质和规律情况下的一种自然状态，也可以看成是一种盲目性，具有丰富性、情感性、趋利性等特点。”[①]“自觉是一种有目的、有意识地运用客观规律性认识改造社会、改造世界的超越自发的精神

① 郑承军：《理想信念的引领与建构：当代大学生的社会主义核心价值观研究》，清华大学出版社2010年版，第161页。

和行为状态。”[1]由此可见，自发是一种出于本能反应的带有物理性的思想或行为的表达状态。相比于自发，自觉要更加有规律可循，也是主观意识对客观世界有序地反映和反作用的过程。

自觉是自发的延伸，自发是自觉的开端，从自发到自觉是一个不断深入认识的过程和不断自我发觉的过程。马克思指出：“人是有意识的类存在物……人的类特性恰恰就是自由的自觉的活动。”[2]自觉源于自发而又高于自发，是自发的升华。没有自发过程，就谈不上自觉，而即使有了自发过程，也需要长期的情感升华和学习经历才会有自觉的过程发生。从古至今，人类的一切行为和活动，基本都是一个从自发到自觉的过程。论及自发和自觉在价值观形成过程中的角色分配，其原理也是与此相一致的。“所谓价值自发，就是受本能支配，受非理性支配，被表面现象所迷惑，不认识价值的本质，在理论上陷于混乱，缺乏远大的价值追求。所谓价值自觉，则是克服受本能支配，受非理性支配的倾向，从科学的理性思维出发，正确认识价值的本质，把追求眼前价值与确立正确而远大的价值追求结合起来。”[3]形成价值观需要历经由自发升华为自觉的过程，这种价值观的自发性与自觉性之间存在着一定的辩证关系，是主观能动与客观实在密切互动的结果。

自觉是从个人利益认知上升到社会利益认知的必要步骤。如果说自发过程伴随着个体对自我利益的感知和追求，那么自觉过程必然是对这种利益诉求的延伸和扩展。因此，从价值观的自发到价值观的自觉经历了一个从自我利益诉求的“小我”到共同利益追求的“大我”的过程。对共同理想、共同利益以及共同道德的追求才是核心价值观形成的关键所在。换言之，要树立核心价值观，就必须引导个体在认识世界的过程中努力跳出自我，使价值自发与价值自觉相结合，并使自觉在自发的铺垫下超越自发，从而树立高层次的社会共同理想和共同利益的追求。“为了使人的意识由自发上升到自觉，由感性上升到理性，由经济的自发意识上升到政治的自觉意识，也需要思想教育……自发与自觉是由思想政治教育内在矛盾所决定的思想政治教育的基本范畴。”[4]所以，思想政治教育和学习的过程是引导价值自发走向价值自觉的必要环节。除了超越自发

---

① 骆郁廷：《自发与自觉：思想政治教育的重要范畴》，《思想教育研究》2007 年第 5 期。
② 《马克思恩格斯全集》第 42 卷，人民出版社 1979 年版，第 96 页。
③ 王玉梁：《21 世纪价值学哲学：从自发到自觉》，人民出版社 2006 年版，第 2 页。
④ 骆郁廷：《自发与自觉：思想政治教育的重要范畴》，《思想教育研究》2007 年第 5 期。

和强化学习过程以外，依靠一定程度上的感情升华也是促使个体形成核心价值观的重要过程。

“个人自觉是一种个体性功能，它的自我领悟和自我觉醒完全是出于个人意图和目的，是个人的随意的苦思冥想，完全满足自己的个人愉悦，是一种个人内心的心理体验和自我觉悟。”[①]自觉是专注于自己本身的自主觉悟，具有随意性和松散性，但是价值观要得以塑造，尤其是核心价值观要得以确立，必须依靠集体意识和集体觉悟，即试图在社会中营造一种自觉状态。“社会自觉强调集体在共同拥有的核心价值观形成过程中的作用。在社会主义核心价值观的形成过程中，当然需要个人的参与和支持，但是更需要集体的拥护和社会的呼应。”[②]这主要是由人的社会性所决定的，因为生活在社会中的个体并不是孤立的，而是处于密密麻麻的社会关系网络中，只有个人自觉是远远不够的，还要在个体的社会化过程中培养社会自觉。因此，社会自觉是在个体自觉的基础上拓展、延伸的结果。马克思曾指出，主体间的交往“既表现为个人之间的相互关系，又表现为他们对无机自然界的一定的实际关系”[③]。由此可见，按照马克思主义的价值观思想，价值观的意义在于能够使一定的社会集体意愿得到集中并使其得以反映，以此作为社会群体增强凝聚力和共识的来源，从而转化为群体实现共同目标的动力和指引。共产主义思想之所以伟大，是因为它反映了工人阶级集体的心声和愿望，是指引工人阶级不断奋斗的目标与动力。

对于当代大学生来说，自我认知和社会认知是可以统一的。如果不确立长远发展的蓝图规划，就很难淋漓尽致地发挥大学生的个人价值；如果缺乏社会发展这一坚强的后盾支持，大学生的个人目标也难以得到实现。因此，大学生应该努力将个人价值与社会价值统一起来，让自己的生命在为社会谋福利的事业中发光发彩。由此，大学生的价值观确立与社会核心价值观的形成是相辅相成的过程，必将相互作用、相互联系，最终化为实现社会整体价值目标的基础。

---

① 郑承军：《理想信念的引领与建构：当代大学生的社会主义核心价值观研究》，清华大学出版2010年版，第186页。

② 郑承军：《理想信念的引领与建构：当代大学生的社会主义核心价值观研究》，清华大学出版社2010年版，第194页。

③ 《马克思恩格斯全集》第46卷，人民出版社1979年版，第495页。

二、大学生价值观发展的必然性与偶然性

探究大学生价值观的影响因素是对其规律探索的必要前提，也是大学生价值观发展变化规律的具体体现。

一方面，价值观的形成是一个长期复杂的过程，在这一过程中必然会受到特定客观环境的影响，形成相对稳定的自我心理认知。与这种相对稳定性相伴相生的就是主流价值观发展变化的必然性，即某一社会群体的价值观必然受到环境因素的影响和制约，不可能是一成不变的，即使主基调延续下来，也会因各种客观环境因素而产生细小的内部变化，社会转型时期更是价值观最易发生重大突变的时期。“我国社会主义市场经济体制的确立和发展，极大地推动了我国经济发展和社会进步，市场经济对广大学生树立正确的思想观念具有促进作用，如市场经济的利益原则、竞争机制、等价交换原则，对于当代大学生培养自立、自强精神，强化竞争拼搏意识，树立求真务实精神以及敢于维护群众正当利益的行为都有着积极的作用。但是，市场经济对当代大学生也具有负面影响。市场经济自身的盲目性、自发性和利益原则、等价交换原则的消极方面，直接或间接地影响到大学生的人生价值取向。”①

另一方面，由于价值观概念本身存在于个体概念之上，因此在形成过程中，也很容易受到与个体因素有关的相关条件的影响，如个体所接触的特色文化、特别事件、特殊经历等等，从而使主流价值观的形成与发展在一定程度上也存在偶然性。“当代大学生自身也存在着令人忧虑的弱点，这是造成其人生价值观取向上出现问题的重要原因。大学生虽然成长在改革开放的年代，但一直生活在宁静的环境中又承担着繁重的学习任务，这往往使他们以一种远离现实的特殊方式感受时代的变革……这使他们当中不少人不可避免地在人生价值观取向方面出现种种问题，如只讲索取、不愿奉献、急功近利、好逸恶劳、学习松弛、自私自利、不肯付出、敬业意识薄弱、害怕艰苦、贪图享受、爱慕虚荣、追求高消费等。”②

简而言之，大学生价值观发展变化的影响因素既包括客观环境，也包括主观个体，二者的结合决定了文化生态视域下价值观的发展变化规律既存在一定

---

① 马向真：《当代大学生价值观特征及其成因分析》，《毛泽东邓小平理论研究》2007年第8期。

② 马向真：《当代大学生价值观特征及其成因分析》，《毛泽东邓小平理论研究》2007年第8期。

的稳定性，也存在一定的不可预测性。只有密切关注大学生群体的思想发展脉络和变化动态，才能洞悉其时空跨度上的变化规律，更好地予以科学合理的引导。

“价值观的形成既包含着必然性，也包含着偶然性，必然性通过偶然性表现出来，偶然性是必然性的补充，从而使得价值观的形成逐步完善。”[①]具体到大学生这一群体，价值观发展变化之必然性意味着要善于理解并允许大学生群体随社会背景的发展变化而产生思想潮流和价值观的转变；价值观发展变化之偶然性也意味着要更加有针对性地关注青少年这一特殊群体可能经历的特殊性和不确定性。只有这样才能真正做到同时兼顾必然性与偶然性，既善于抓主旋律，又善于满足个性化思想需求。

三、大学生价值观发展与社会变革的共振性

“大学生的价值观，体现着大学生对所处时代的政治、经济、文化等方面的基本认识和评价，反映着大学生一定的价值向往和追求，同时也制约着大学生参与和从事社会活动的态度和行为方式。”[②]一定的价值观与特定的社会发展是密切相关、相辅相成的。改革开放以来，特别是在向社会主义市场经济过渡的背景下，大学生的价值观问题愈发引起人们的关注与重视。立足文化生态，大学生价值观以及他们的价值思考和选择现状等都是其与所处时代和社会变革共振的结果。

社会变迁是大学生价值观形成的原动力。个体要在对社会存在的基本认知基础上确立自己的价值目标。当代大学生群体在价值目标的确立过程中既有代表性又有特殊性。就其代表性而言，任何一个群体的价值目标的确立都离不开其对周围环境或事物以及自己人生的认知，也都会存在不同的社会变迁和时代发展的影响所造成的不同程度的结果；就其特殊性而言，大学生群体在价值目标确立的过程中，更容易受到外界环境和自我情绪等主客观因素的影响，并且能够更为迅速地作出相应的反馈。

多元文化是大学生价值观形成的次生动力。多元文化冲突对大学生的价

---

① 林岳新：《多元文化背景下青少年价值观培养研究》，中国社会科学出版社 2011 年版，第 168 页。

② “浙江省高校学生价值观调查、评析与对策研究”课题组：《江省大学生价值观调查与评析》，《浙江社会科学》1993 年第 3 期。

值选择和思想意识产生了严重冲击。受到欧美自由主义和个人主义思想的影响，大学生的课外文化活动经常标榜我行我素，大多以娱乐活动为主，缺乏高雅艺术和内涵。在传统的第一课堂，即思想政治理论课堂教学中，学生有时被动地接受课本知识，对中西方政治制度和文化思想带来的冲突与碰撞难以理性区分，甚至价值观偏离主流方向。第二课堂的校园文化活动大多为满足学生的休闲娱乐而设计，有助于提升学生道德素养和文化审美的活动不多。校园学术氛围并不浓厚，学生被动参与一些学术报告，甚至会出现抵触情绪。这种情况使大众文化和快餐文化在校园有了滋生土壤，蔓延迅速。网络现如今发展成为校园第三课堂，打破了地区、时空的界限。在互联网上了解知识、传播观点不受太多限制，这一方面为学生开启了世界之门，开阔了他们的视野；另一方面也为形形色色的外来文化、西方文化不加过滤的涌入提供了便利，极易使大学生成为庸俗文化的拥趸者、传播者。在文化多元与冲突的背景下，重构我国当代大学生价值观具有重大意义。

校园环境是大学生价值观形成的催化剂。相对于其他社会群体，高校大学生在价值目标确立过程中更易受到学校的教育理念和教育实践的深刻影响。在校园环境和学校文化中，既包括学校的教育理念和制度规则，也不乏学校教师的引导教育，在这种教育氛围浓厚、知识丰富的大环境中，个体的一言一行很难不受到这种文化氛围的熏陶。学校文化既是家庭文化的延伸，也是社会文化的铺垫，尤其是高校文化，已经有了社会文化的些许雏形。对于当代大学生群体而言，价值目标的确立过程既关系到个人的前途与命运，更关系到整个国家的发展大局。“一般地，学生会选择与他们的兴趣、技能和动机一致的专业，或者在进入大学后为了与环境匹配一致，而对它们作出修改。通过自我选择和价值社会化，学生会越来越看重与他们所选专业的主要价值观一致的价值观。”[①]由此看来，高校大学生群体更容易将价值目标的确立与大学专业相结合，这就意味着学校文化对大学生性格塑造和人格培育及确立正确的价值观有着十分重要的作用。因此，相关高校教育工作者和文化政策的决策者与执行者应该充分考虑这一现象，并对此作出有针对性的引导，尤其是与大学生群体有着直接且密切接触的高等教育院校教师，在大学生价值目标的确立过程中扮演着不可

---

① 文萍、李红、朱伟军：《大学生价值目标及其与心理健康关系研究》，《高校保健医学研究与实践》2005年第1期。

替代的角色,应该更加关注大学生的思想动态与生活经历,以便全方位地帮助学生及时调整价值取向,建立科学、健康的价值体系。唯有如此,才能更好地建设和谐校园,从而培养出全面发展的国家栋梁。

四、大学生价值观发展与主体意识的交互性

根据国内许多学者的观点,个体价值观的形成也遵循着个体认知和实践过程的基本规律,即大学生价值观的形成是其与主体意识交互作用的结果。有的学者将价值观形成的整个过程总结为知、情、意、行四个过程,既言简意赅又准确深刻。“知、情、意、行”是一种理论的再创新。早先,我国著名教育家陶行知先生提出了“知情意合一”的德育原则思想,“无论对象是不同年龄的个人,还是集体,甚至于整个国家,只有达到知情意合一,教育才能起到正向的社会作用,而旧教育中知情意分离的愚民教育害人并阻碍社会进步,这也可用于对做事的指导,我们做任何事若能达到‘知情意合一’,就会胸有成竹、心悦诚服、目标明确地全身心投入,就能将事做成功,欣赏到‘人生的美术’!”①如今将其运用于价值观的形成规律上也能发现其颇为丰富而又有效的解释力。针对价值观的形成过程,林岳新教授认为,“知,就是感知,个体对社会及事物的认识,认识程度是在感性层面还是理性层面,它是价值观形成的核心和前提;情,就是情感,个体对客观事物的态度和内心体验;意,就是意志,个体对自己行为自觉的调节,克服困难,以实现预定目的的心理过程;行,就是行为,个体履行的人生实践,为达到价值目标而奋斗”②。

当代高校大学生在其价值观确立过程中,体现了主体意识交互性。首先,在“知”的阶段,高校大学生更容易及时地了解周边文化生态的变化,并且在较为强烈的好奇心的驱使下形成自己的认知圈和文化体悟圈。因此,“知”的过程就是大学生通过对客观现实的认知对自我价值观的树立作出知识铺垫的过程,也是影响大学生成长成才的关键环节。

在“情”的阶段,“情感是我们生活中最活跃的部分;如果它们处于独裁的统治下,那么,我们的基本生活就会产生极深的不稳定性,从而不利于我们与内心

---

① 任晓燕:《试述陶行知的德育原则思想》,《当代教育论坛》2009 年第 12 期。

② 林岳新:《多元文化背景下青少年价值观培养研究》,中国社会科学出版社 2011 年,第 163 页。

和与外界之间的关系"①。由于大学生大多处于人生的青年时期，蓬勃的朝气和旺盛的生命力使这一群体在形成情感和表达情感的过程中更易呈现焦躁、冲动等现象，这些特点是影响大学生养成独立、稳定的价值观的重要因素之一。

在"意"的阶段，当代大学生群体在经历过家庭教育、学校教育和社会教育的接连影响后，能够确立起基本的意志品性，这对形成稳定的价值观起着关键性的支撑作用。但是，随着经济社会越来越开放，伴随大学生思想的日益多元化，大学生坚定自我价值观的意志力也逐渐遭到削弱，很多大学生在走出校园、走向社会的过程中，很容易因此而陷入绝望、自暴自弃等，最终导致不能成功塑造出科学、合理、完整的价值观。

在"行"的阶段，高校大学生虽然很热衷于将想法付诸实践，但"行"却往往没有得到足够的重视。一方面，当大学生发现自己在课堂和书本上所学习的知识难以准确无误地适用于现实生活中时，便很容易遭受这种理想与现实之间的差异所带来的挫败感和无助感；另一方面，"千里之行始于足下"，只有敢于迈出"行"的步伐，从点滴做起，并及时总结其中的精华，才能不断攀升人生的高峰，从而塑造较为完善的价值观。"冥想一个从来没有体验过的情景是没有多少实际意义的。冥想一个你虽然到过、体验过，却没有深刻的躯体或心理记忆：舒适感、惊讶、内心激动等，也是没有多大意义的。"②当代高校大学生群体应该及时投身于实践之中，不畏困难，敢于迎接挑战，在实践中锻炼自己的意志并强大自己的内心，在各种社会实践调研等经历中时刻感受理论与现实的差距，并不断调整完善自己业已形成的价值体系，做到与时俱进、与"行"俱进。

如图 2-1 所示，个体价值观的形成和确立过程是有一定规律可循的。这些规律主要以程序模块存在，具有明显的阶段性，不仅使得个体价值观的确立需要在长期复杂的过程中进行，而且也使个体价值观的变化和调整有律可循。只有首先做到对"知"的了解和认知，才能对相关事物形成自己的认知和情感喜好，而在这一过程中，个体价值目标也逐渐得以确定；凭借特定的个体价值目标，可以在长期积累的过程中将松散的情感态度转换为较高层次的意志品性，从而逐步作出满足个体价值需要的价值评价；这种价值评价会凭借自己的意念得以持续发挥作用，最终指导个体在矛盾抉择中确定自己的价值手段，从而形

① [美]卡伦·荷妮：《神经症与人的成长》，陈收等译，国际文化出版公司 2001 年版，第 76 页。

② 李子勋：《心灵飞舞：李子勋谈心理健康》，中国广播电视出版社 2006 年版，第 269 页。

成完整的价值观。这是一个能够形成无限循环和闭合回路的个体价值观确立模型，在该模型中，每个模块并不是一成不变的，模块与模块之间的互动顺序和互动结果也不是一成不变的。但是该模型的建构却能够有效地指导对个体价值观形成与发展的研究和考察，并对当代大学生群体的价值观演变过程中存在的问题提供具有针对性的应对及改善途径。

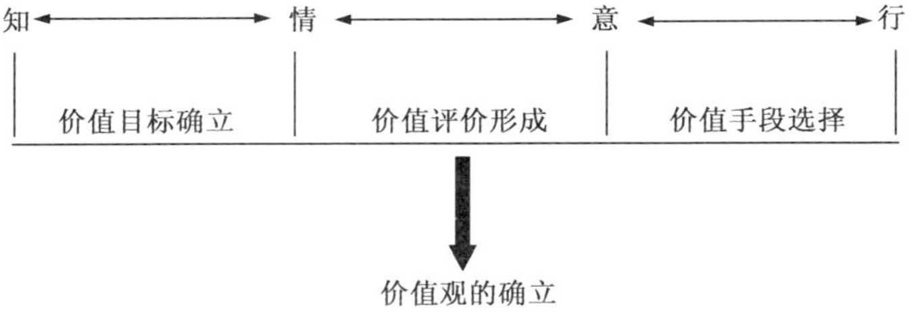

图 2-1　个体价值观的确立过程

第三章　当前大学生价值观现状实证分析

上一章对我国改革开放以来大学生价值观演变的规律与特点作了梳理和分析，运用了规范分析的方法，也关照了历史方法与逻辑方法的结合运用，主要从理论和宏观上把握大学生价值观在文化生态视域下的存在及作用。但对大学生价值观的研究不能仅仅停留在理论分析和文献资料的基础上，一切纸面上的捕捉和提取都不及通过实践发现来得真实、可靠。正如恩格斯对杜林“原则在先”进行的批判那样，原则不是研究的出发点，不是自然界和人类社会去适应原则，原则在符合自然界和历史的情况下才是正确的。当前大学生的价值观认知水平如何？价值取向是怎样的？应该持有怎样的核心价值观？这些问题必须通过实证分析才能得到有信度的答案。

因此，本章将从文化生态现状，特别是从目前影响大学生价值观形成和作用的文化生态系统的客观环境出发，围绕文化环境、文化资源和文化实践等要素设计问卷，对高校文化生态主体——在校大学生和部分教师群体进行价值观现状调研，逐项分析、对比调研数据，力求对大学生价值观现状有较为全面、系统、科学的把握，找出问题，发现症结根源，为提炼具有引导性意义的大学生价值观内容做实证依据。本章节的实证研究一方面是对上文理论分析的实证分析补充，用翔实、科学的数据以及结论来支撑、说明研究大学生价值观的必要性、可行性；另一方面，通过部分开放题的设计为下一章节大学生价值观内容的凝练做进一步的准备和铺垫。

第一节　调查背景

价值观是文化的核心要素，其形成和变化与周围环境系统相互影响、相互关联。我们需要重视文化产生、发展与其所处环境的关系。斯图尔德作为文化生态学的奠基代表人物，提出了“环境适应”的概念，并称环境适应是文化生态学的基础，文化与环境互为因果、相互作用。后继学者的研究继续拓宽文化生态环境的定义，从自然环境延伸到社会环境、经济环境、人文环境等范畴。本研究将文化生态的大环境聚焦到高校文化生态的小环境上，这个系统会受现实环境、历史环境、国际环境等作用力的影响，其内部环境可分为校内生态环境和校外生态环境两部分。对校园环境、硬件条件、服务管理、育人理念、知识传授、组织体制、意识形态等要素都归入环境分析之列，以充分发挥系统作用于主体的力量。对大学生价值观的调查研究要考虑目前我国政治、经济、文化、社会、国际关系等文化生态要素对大学生价值观变化的因变量影响，同时也要考虑大学生在高校学习、生活过程中表现出来的道德水准、行为方式、认知能力等具体的自变量表征。设计问卷分学生问卷和教师问卷两版，从自身角度看问题，从教师角度看影响，充分论证。

第二节　调查准备

一、问卷的设计

问卷的设计在充分把握文化生态环境及系统各个要素的基础上，对已有大学生价值观的实证分析研究成果进行了对照、参考，选取了政治价值观、道德价值观、人生价值观三个受宏观环境影响的价值指标以及人际价值观、恋爱价值观、消费价值观、职业价值观四个受微观环境影响的影响力指标作为本研究的主要价值观调研指标①，力求通过这七个价值观切入点关照到政治制

① 指标选定参考了部分研究者对大学生群体价值观调研的样本，如张前程关于90后大学生群体价值观研究等。

度、社会发展、校园环境、个人信仰、人际关系、人生规划等方面对大学生价值观的影响。

二、问卷的编制

问卷的编制历时四周。前期广泛阅读文献资料，对以往资料中出现的关于大学生价值观的定性分析和实证分析进行了整理；中期进行访谈交流，并确定量化指标；后期在试调查和专家建议的基础上定稿印刷问卷。

此次编制的问卷分两版，分别为学生问卷和教师问卷，以实现调研数据的全面性和可对比性，使调研对象和范围更趋科学合理。

学生版问卷共分四部分：第一部分是基本信息，包括性别、年龄、户籍、专业分类、年级、政治面貌和宗教信仰等；第二部分是价值观的量化，包括政治价值观、道德价值观、消费价值观、人际价值观、人生价值观、职业价值观和恋爱价值观共七个方面；第三部分分析文化生态环境对大学生价值观形成的影响，涉及传统文化、学校教育、父母教育、社会环境、亲朋同学、个人信仰六个因素；第四部分是开放题，通过大学生对核心价值观的认识来辅助确立当代大学生价值观的内容体系。

教师版问卷共分五部分：第一部分是基本信息，包括性别、年龄、户籍、专业分类、政治面貌和宗教信仰等；第二部分是价值观的考察，包括政治价值观、道德价值观、消费价值观、人际价值观、人生价值观、职业价值观和恋爱价值观共七个方面；第三部分是教师对当前大学生的评价；第四部分是考察文化生态环境对教师价值观形成的影响大小，共有传统文化、学校教育、父母教育、社会环境、亲戚朋友、个人信仰六个因素；第五部分是开放题，通过教师对核心价值观的认识和概括为本研究提供意见参考。

三、问卷的研究对象

由于本研究区域假设为驻济部分高校，故本次调查选取了山东大学、山东师范大学、山东建筑大学、济南大学四所高校的教师和学生作为调查对象。由于毕业季学生实习不在校等原因，调查对象多选为大一、大二和大三的学生，学科涵盖了文、理、医、工四类。除此之外，为更好地了解大学生的价值观现状，本次调查选取了部分教师代表作为调研对象，其中包括“两课”教师、辅导员和专业课教师等，使研究对象更具有广泛性和代表性。

四、问卷的调研方法

(1)文献研究法：通过搜集整理大学生价值观相关文献，总结并借鉴以往研究成果，为本次调研奠定理论基础，确立研究目标，制定研究方法。

(2)问卷调查法：在广泛查阅资料的基础上编制当前大学生价值观调查问卷和教师价值观调查问卷，在前期试调查和咨询问卷编制专家的基础上，编写并印制问卷，向驻济部分高校师生发放，测量大学生和教师价值观现状。使用SPSS 20.0、Excel等软件开展数据的录入、处理、制图和分析工作。

第三节　调查分析

本次调研共发放学生问卷1200份，回收1140份，其中有效问卷1138份，有效回收率94.8%；共发放教师问卷200份，回收138份，其中有效问卷130份，有效回收率65.0%。学生问卷的发放是通过四所高校的辅导员利用课下时间或课堂发放的，由学生骨干负责回收，从而保证了问卷有较高的回收率和有效性；教师问卷由于受时间和精力的限制，回收率不是很高，但作为辅助性的问卷，也对之后的研究分析起到了一定作用。

一、学生调研数据统计

在被调查的大学生中，33.1%为男生，66.9%为女生，大多数属于大一、大二和大三的学生。来自城镇和农村的大学生比例相当，分别为51.4%和48.6%。党员身份的大学生占13.8%，大部分为共青团员，比例高达83.0%。绝大多数没有宗教信仰(见图3-1)。

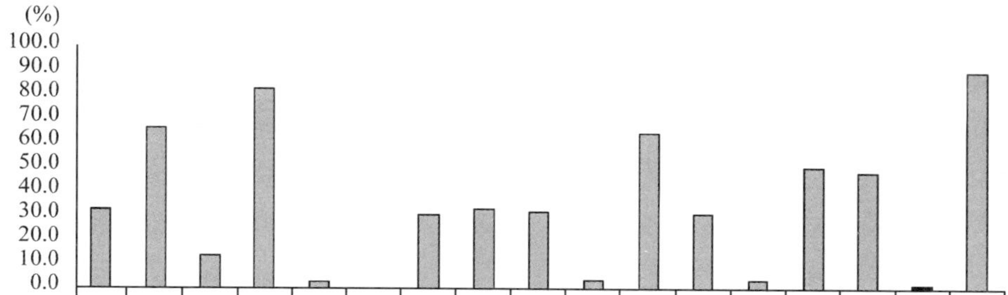

	性别		政治面貌				年级				专业			户籍		宗教	
	男	女	中共党员(含预备)	共青团员	群众	民主党派成员	大一	大二	大三	大四及以上	文科	理科	医科	城镇	农村	有	没有
□百分比(%)	33.1	66.9	13.8	83.0	2.5	0.1	30.9	33.0	32.2	3.6	64.7	31.1	3.7	51.4	48.6	1.4	89.9

图 3-1　被调查大学生的基本情况

(一)政治价值观

如表 3-1 所示,在坚持马克思主义的指导地位、坚持中国特色社会主义道路等方面,5～7 成的大学生对这些价值观现状持非常赞同态度,2 成以上的大学生持比较赞同态度,极少数大学生持非常不赞同态度。由此可见,绝大多数大学生坚定不移地拥护中国共产党的领导以及党的各项方针制度,但仍有学生持较为偏激的态度。

表 3-1　　大学生对于下列价值观现状的态度及比例(%)

	非常赞同	比较赞同	不清楚	较不赞同	非常不赞同
(1)必须坚持马克思主义在我国意识形态领域的指导地位	57.6	25.0	8.6	6.1	2.6
(2)必须坚持走中国特色社会主义道路	64.8	25.2	6.2	2.8	0.9
(3)我国必须坚持人民代表大会制度,不能搞"三权分立"	58.3	23.5	10.5	6.2	1.2
(4)中国共产党是中国特色社会主义事业的领导核心	69.0	23.6	5.0	1.2	0.9
(5)人民民主是社会主义的生命,党内民主是党的生命	70.5	22.0	5.0	1.7	0.4
(6)必须坚持公有制为主体、多种所有制经济共同发展的基本经济制度	65.2	24.2	6.1	3.4	1.1

续表

	非常赞同	比较赞同	不清楚	较不赞同	非常不赞同
(7)我国必须坚持中国共产党领导下的多党合作和政治协商制度	68.2	23.0	5.4	2.5	0.8
(8)政治体制改革是我国全面改革的重要组成部分，必须坚持党的领导、人民当家作主、依法治国有机统一	72.7	21.7	3.9	1.1	0.4
(9)我们取得的历史性成就，靠正确的理论、路线、纲领的指引	62.6	26.7	7.4	2.0	1.0
(10)增强对祖国、民族和文化制度的认同是巩固各族干部群众共同团结奋斗、共同繁荣发展的思想基础的重要内容	74.8	20.5	3.8	0.6	0.1
(11)社会主义核心价值观的作用是方向性的、决定性的	67.0	23.6	6.7	1.7	0.7
(12)坚持对马克思主义的信仰和对共产主义的信念是经受考验的精神法宝	64.5	23.5	8.0	2.5	1.1
(13)中国共产党有能力把自身建设搞好	61.8	24.3	9.9	2.0	1.6
(14)科学发展观是必须坚持的战略思想	75.4	18.9	3.8	1.1	0.3

政治价值观在高校文化生态系统中是最接近价值观研究意义的，是理念层中价值观子系统的要义，对于大学生政治责任感、使命感的培育具有重要意义。政治价值观持有的积极态度体现了当前大学生的思想政治教育水平，体现了大学生对国家政治体制改革和社会发展的认可，为社会主义核心价值观的培育和践行提供了推进可能，有利于国家的长治久安和社会稳定，能促进大学生树立远大理想，肩负历史和社会的使命。

(二)道德价值观

关于大学生如何看待传统美德这个问题，如图 3-2 所示，七成以上的大学生认为传统美德具有很强的现实意义，应该得到传承和发扬。13.7%的大学生承认传统美德是我国的文化宝藏，但不可否认与现实生活有冲突。极少数大学生认为传统美德已经落伍。

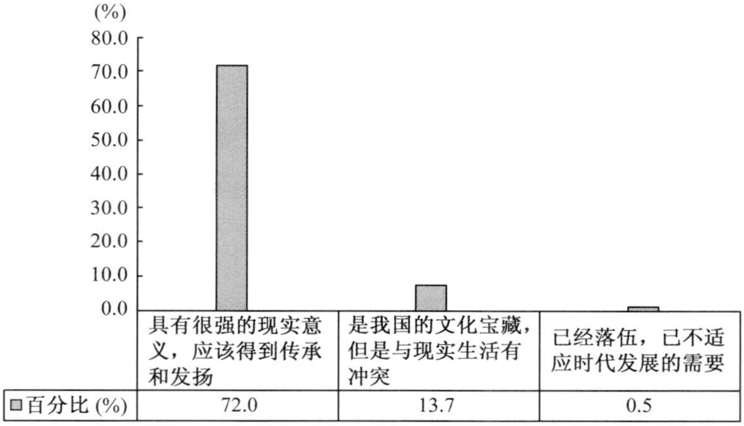

图 3-2　大学生如何看待传统美德

如表 3-2 所示，遇到如小偷行窃、毁坏公物、违反交通法规等事情发生时，7 成左右的大学生都会选择上前制止违法或不文明行为。在面对捡到钱包、公交车上遇到弱势群体等情况时，9 成大学生会伸出援助之手，选择帮助他人。但在“老人在马路上跌倒”这一项上，选择进行帮助的大学生较其他选项偏少，这与近期频发的“碰瓷”现象有关。在遇到如上情况时，有 1～2 成的大学生做出了“装作没看见”的选择。

表 3-2　　大学生遇到以下事情会怎样做及比例(%)

	上前制止/选择帮助他人	装作没看见	不清楚
小偷行窃	73.4	11.2	15.1
践踏草坪、攀折花草	63.5	23.6	11.3
在名胜古迹刻字、贴广告等乱写乱画行为	69.9	19.7	10.1
闯红灯、翻越护栏等违反交通规则的行为	58.3	25.8	15.0
老人在马路上跌倒	75.5	10.0	13.7
捡到钱包	87.3	6.3	5.7
公交车上遇到弱势群体	94.7	3.3	1.8

如图 3-3 所示，14％的大学生非常赞同这个看法；57.1％的大学生比较赞同“人都是利己的”这个看法；21.1％的大学生并不赞同这个看法。由此可见，大多数的大学生是赞同“人都是利己的”这个看法的。

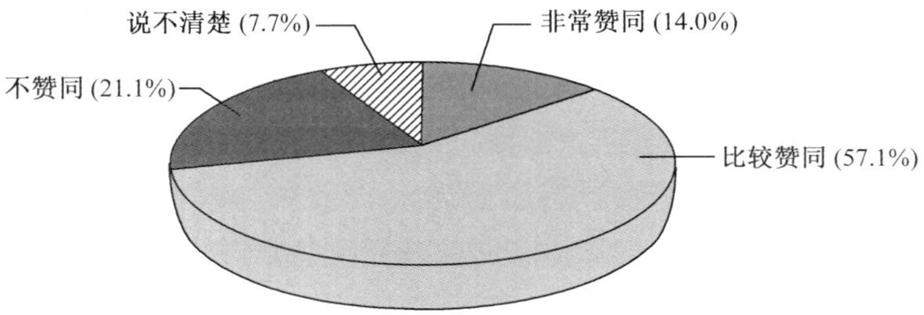

图 3-3 大学生对"人都是利己的"的看法

道德价值观既是个体主体人格的重要表现，又是群体主体环境中文化的体现，代表了个体的修养和素质，是个体最基本的素质。通过对大学生道德价值观的调研分析，基本与之前对大学生价值观阶段划分的研究相吻合，虽然大学生的道德意识在逐步增强，面对道德失范的现象也可以有所作为，但是"功利主义"仍然存在于大多数大学生的潜意识中，这样才使得在"人都是利己的"这一看法中会有超过半数的支持率。加强大学生道德价值观建设对于加强社会信任、构建和谐社会具有必要性和紧迫性。

（三）消费价值观

消费价值观更多地被理解为一种习惯，是引导个体消费的潜移默化的指导原则，在某种程度上体现了个体对金钱的态度以及资金管理能力。

调查发现，大部分学生在校每月消费金额在 400 元以上，占总数的 96.2%，其中月均消费 701～1000 元的学生占 45.5%（见图 3-4），这表明大学生每月的消费水平较高，基本能满足生活、学习花费的需要。

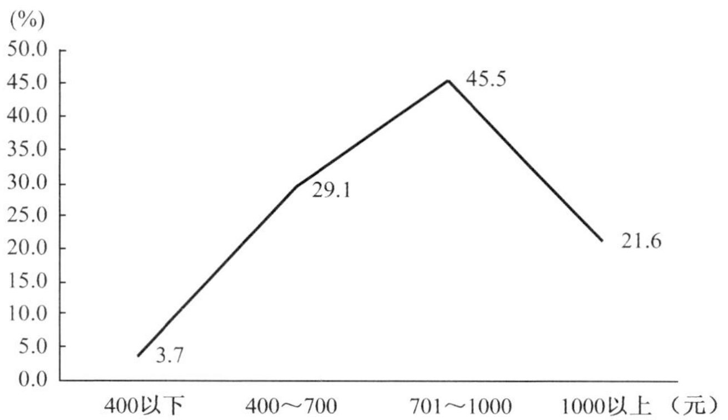

图 3-4 大学生在校每月消费金额及人数比例

在消费结构方面，生活日用品、衣服和书籍等学习用品已成为大学生除饮食外花费最高的项目，占总数的 87.5%。而学生间礼尚往来等人情消费、旅游等娱乐消费以及买药看病等不时之需的消费占的比例较小，说明大学生消费结构比较合理，如图 3-5 所示。

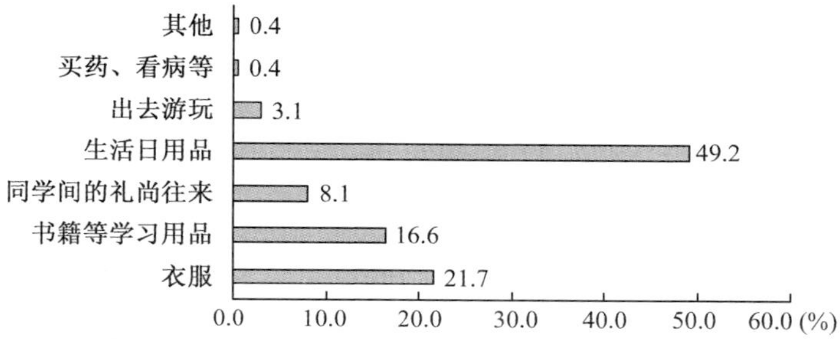

	衣服	书籍等学习用品	同学间的礼尚往来	生活日用品	出去游玩	买药、看病等	其他
□百分比 (%)	21.7	16.6	8.1	49.2	3.1	0.4	0.4

图 3-5　大学生饮食之外的主要消费支出

（四）人际价值观

人际价值观体现了个体在群体生活中的能力以及与他人相处的关系。调查结果显示，11.5%的大学生认为大学前期压力很大，近一半的大学生认为大学期间压力较大，38.4%的大学生认为大学期间压力一般，只有 4%的大学生认为大学期间压力较小，如图 3-6 所示。由此可见，绝大多数被调查大学生认为大学期间有一定的压力，但是在可以承受的范围之内。

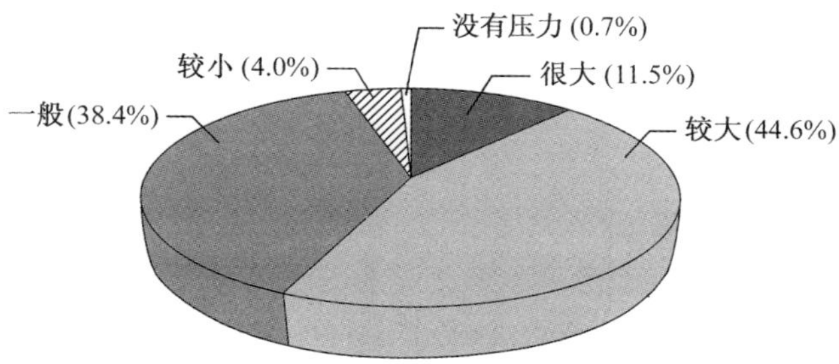

图 3-6　大学生对于大学期间压力的看法比例

如图 3-7 所示，有 46.7%的大学生认为大学期间最大的压力来源是就业和自身前途问题，31.5%的大学生认为最大的压力来源是学习和科研问题。此外，经济压力问题、人际关系问题、环境转变和自身适应问题也受到大学生的重视。

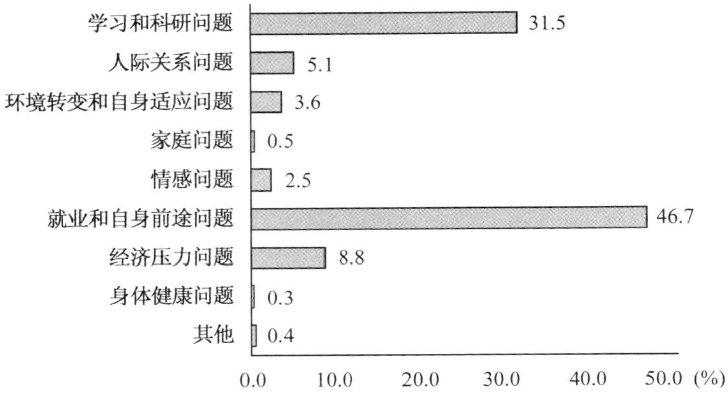

图 3-7　大学生在大学期间最大的压力来源比例

如图 3-8 所示，近一半的大学生认为自己的心理调适能力较强，超过三成大学生认为自己的心理调适能力一般，认为自己心理调适能力强的大学生只有 11.6%。由此可见，大学生的心理调适能力大多处于中等水平。

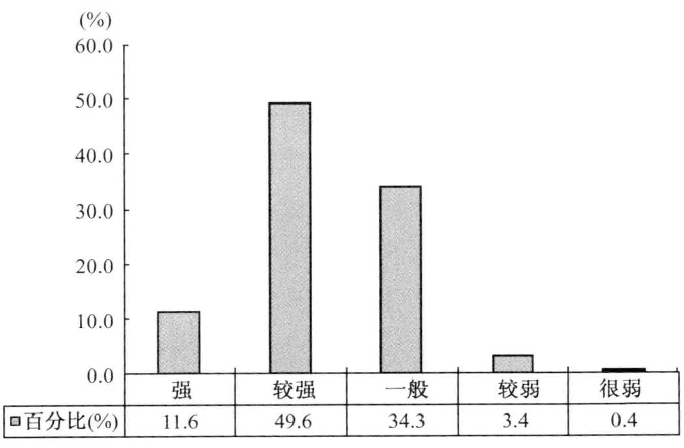

图 3-8　大学生对自己心理调适能力的认知比例

调查发现，当代大学生遇到心理压力时，首选通过"向亲戚、朋友、同学倾诉"来处理，占总数的84.8%，值得注意的是选择"向辅导员、老师求助"以及"向专业人士、专业机构求助"等方式的比例较小，辅导员和专业咨询机构对心理压力的处理比较专业，而大学生很少利用这些专业性资源解决心理问题，这可能与辅导员事务比较繁忙、专业机构收费较高等原因有关。如何加强辅导员、专业指导师对大学生心理问题的关注应该得到高校学生工作部门的重视。大学生心理产生压力会影响大学生学习、生活等各方面，严重时甚至出现抑郁症、精神分裂症等心理疾病，如果不加以重视，这些大学生将长期徘徊在学校、家长、同学的关怀之外，很容易导致大学生自杀等严重后果(见图3-9)。

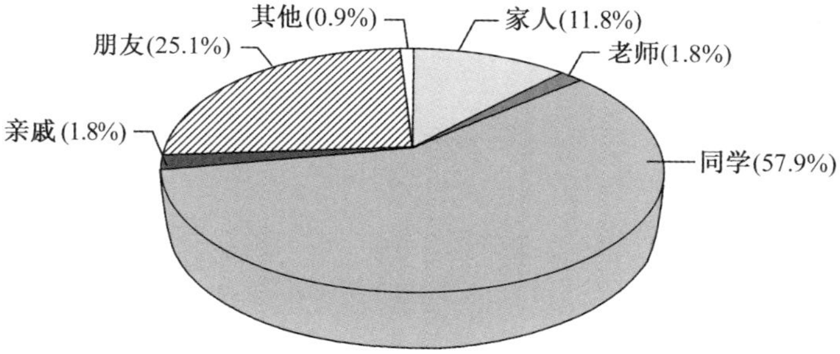

图3-9　当感到自己有压力时选择的处理方式及人数比例

（五）人生价值观

人生价值观代表了大学生对社会的整体看法和对个人学习生活的基本态度，集中体现了大学生对人生的基本看法、规划和满意度，对于其他价值观具有指导作用，对于构建大学生价值观也有重要的参考意义。

调查结果显示，91.1%的被调查大学生认为朋友之间相处的原则是"以诚相待，相互尊重"，只有少数的大学生认为朋友之间"互利互惠，互为所用"，极少数大学生认为朋友是"为我所用"的代名词，还有少部分大学生认为朋友意味着自己要全身心付出。由此可见，大学生普遍还是十分重视朋友之间的真诚相待的(见图3-10)。

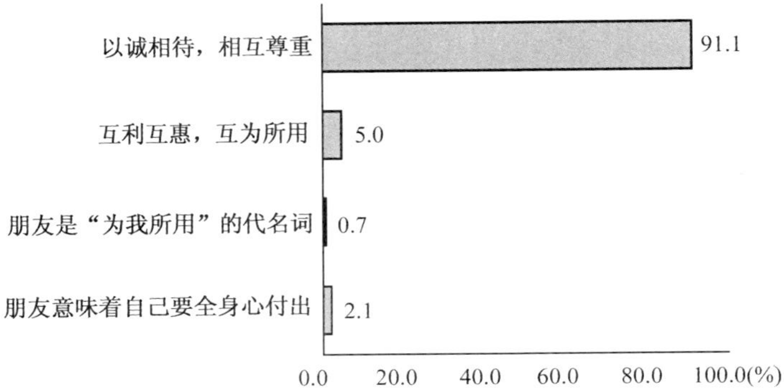

图 3-10　大学生认为朋友之间的相处之道及人数比例

由图 3-11 可以看出，被调查大学生中有 70.3%的人有大致的人生目标和方向，但并不是很明确；21.6%的大学生有非常明确的人生目标；4.7%的大学生有自己的人生目标，但是经常换；剩下 2.7%的学生很少考虑人生目标的问题。

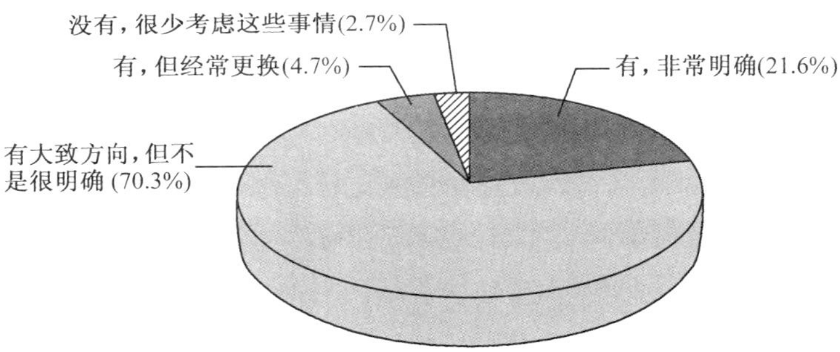

图 3-11　大学生是否有明确的人生目标及人数比例

调查结果显示，大多数被调查大学生认为在校期间应该努力学习、刻苦拼搏，不断充实自己、提高自己；2 成大学生认为在校期间可以好好享受人生，不要有太多负担和压力；只有极少数大学生认为在校期间应该游戏人生，趁着大好年华赶紧玩乐，其余的以后再说(见图 3-12)。

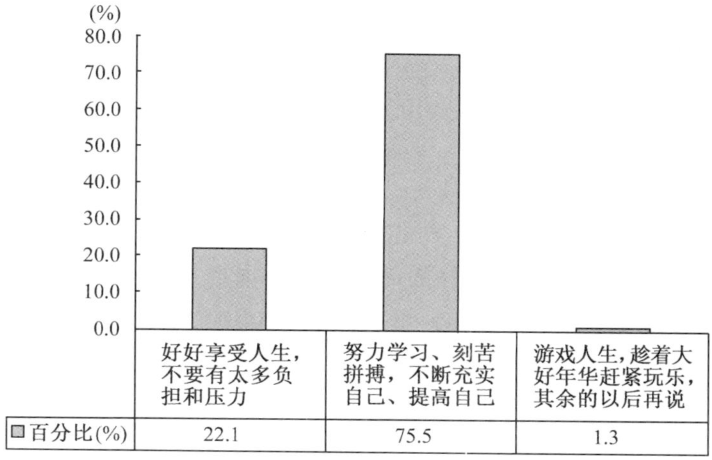

图 3-12　大学生认为在校期间应该怎样做及人数比例

如图 3-13 所示，“德行”“才能”和“社会奉献”是大学生对个人价值理解的前三项，分别为 20.7%、20.5%和 12.7%，而“金钱”“地位”“权力”占的比例较小，说明当前大学生树立了“以奉献他人、实现自我个人价值相结合”的价值观，具有一定的积极意义。对个人价值观的理解中出现的关键词“德行”“才能”和“社会奉献”具有一定代表性，为之后研究大学生价值观内容体系的构成提供了实践依据。

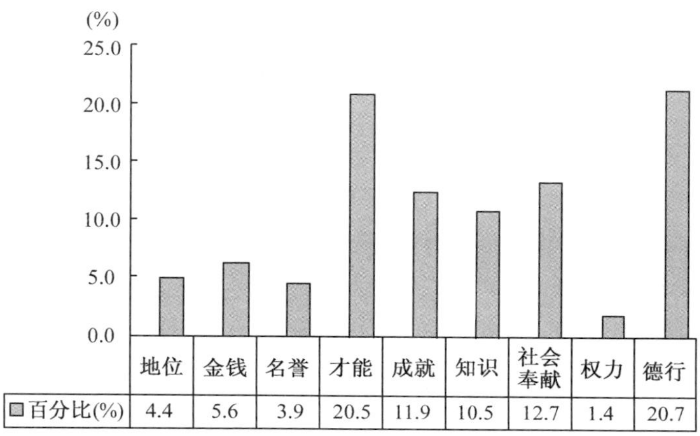

图 3-13　大学生对个人价值重要性的理解及人数比例

（六）职业价值观

职业价值观体现了个体择业观和就业观，对于大学生的职业选择具有决定意义。就业问题不仅是国家重视的民生问题，更牵涉千家万户，是学生、学校、家长几方共同关注的"头等大事"。大学生的职业价值观受核心价值观的支配，并在一定意义上影响着核心价值观的形成。如图 3-14 所示，超过一半的被调查大学生认为一个人在社会中生存和发展最主要依靠个人能力和自我奋斗，17.8%的大学生认为诚信等良好的品质是一个人在社会中的立身之本。在一小部分大学生看来，家庭背景和社会关系以及机遇等是生存和发展的决定因素。除此之外，受教育程度、人生经验、金钱、身心健康等因素也被少数大学生列入考虑之列。

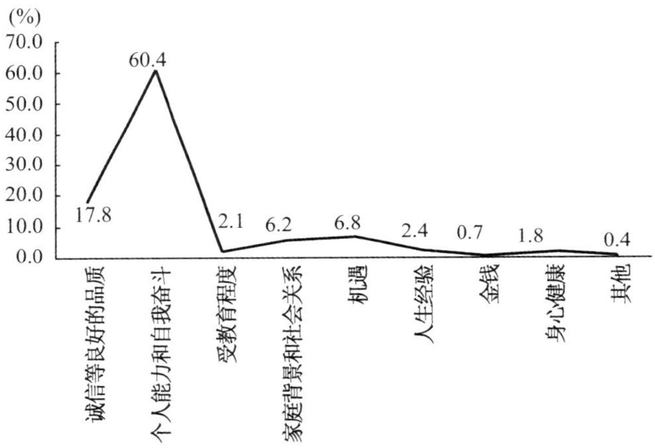

图 3-14　大学生认为一个人在社会中生存和发展最主要依靠的因素及比例

调查结果显示（见图 3-15），绝大多数被调查学生认为在未来应勤奋努力，通过奋斗实现人生目标。还有 15%左右的学生存在其他观点，比如说"学得好、干得好不如嫁（娶）得好""现在是'拼关系'的时代，学得好不如有好的关系""随遇而安，船到桥头自然直"。这三种观点折射出了社会现实的发展变化对大学生想法的影响。

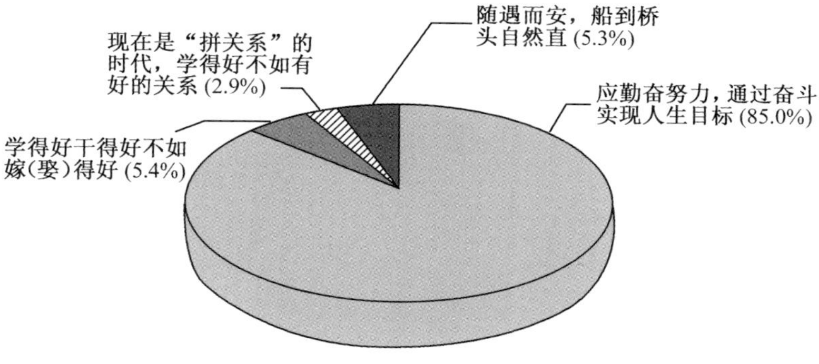

图 3-15　大学生对未来个人发展的打算及比例

调查显示(见图 3-16),“是否有利于个人发展”“经济收入高,福利待遇好”和“单位环境”是当代大学生选择职业时优先考虑的因素,而“单位性质”和“离家距离”则不再是影响大学生择业的首要影响因素。

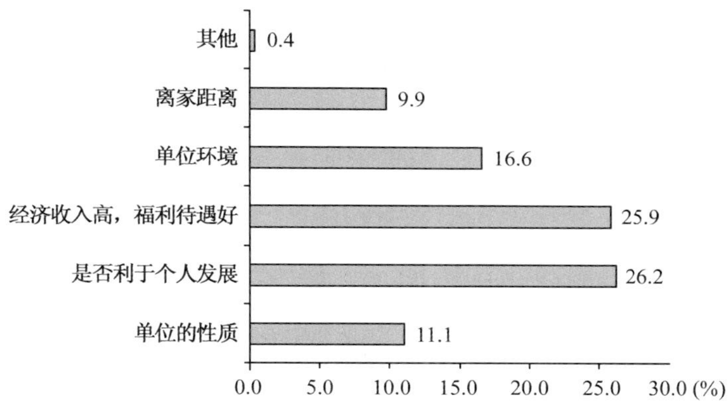

图 3-16　当代大学生选择职业时优先考虑的因素及比例

调查结果显示(见图 3-17),在就业单位选择这一问题上,外资企业和事业单位最吸引大学生,而且两者所占比例十分相近,分别为 39.4%和 39.2%;其次为党政机关,比例为 10.9%;个体民营企业和自己创业这两个选项分别占 2.3%和 6.3%。

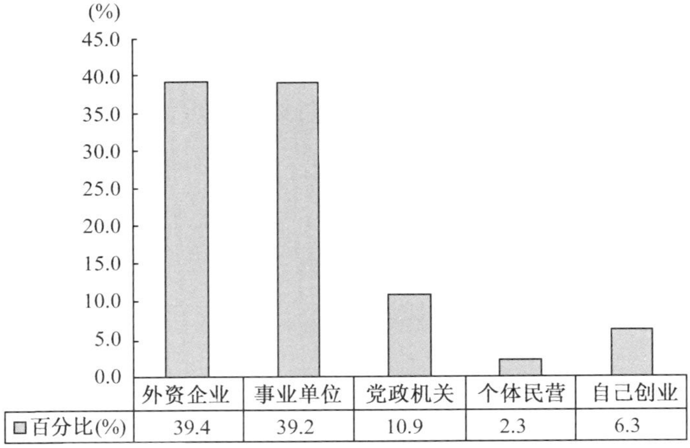

图 3-17　大学生比较倾向的就业单位及人数比例

在面临就业时，63.9%的被调查学生选择先就业再择业，19.9%的学生不打算工作，而是选择继续读书，6.3%的学生选择自主创业，6.6%的学生认为找不到合适的职业就待业(见图 3-18)。由此可见，多数学生还是倾向于毕业后能有一个出路，不论是工作还是继续学习。

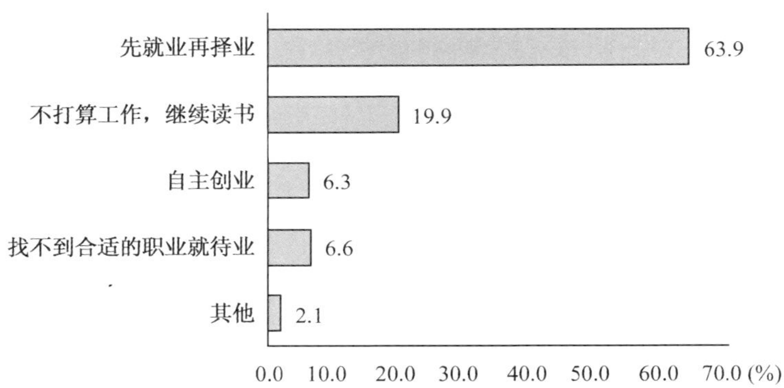

图 3-18　大学生对未来面临就业的看法及人数比例

调查结果显示(见图 3-19)，73.6%的被调查大学生赞同找到一份理想工作的关键是较强的工作能力；8.3%的大学生强调机会对于找到一份理想工作的重要性；8.1%的学生则认为社会关系已经成为日后找工作的关键因素；除此之外，优异的专业成绩、不同的专业和学校也可能成为影响一个人找工作的关键因素。

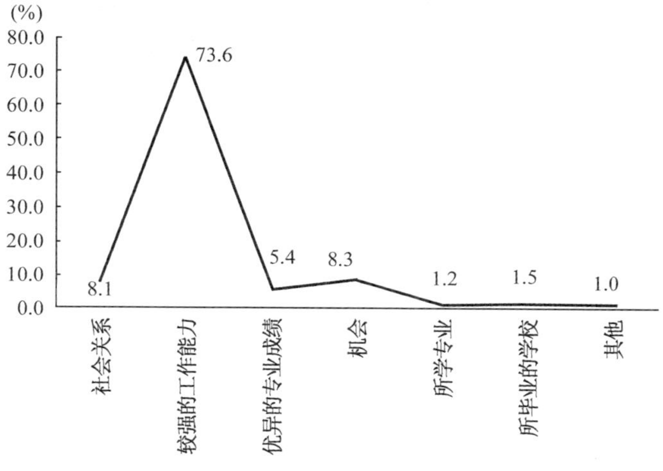

图 3-19　大学生认为找到一份理想工作的关键因素及人数比例

(七)恋爱价值观

关于大学生如何看待学生恋爱这个问题,58.6%的大学生认为顺其自然是最好的选择;35.1%的大学生认为不应该限制恋爱,因为它是大学生活的一部分;极少数大学生认为应该限制恋爱(见图 3-20)。

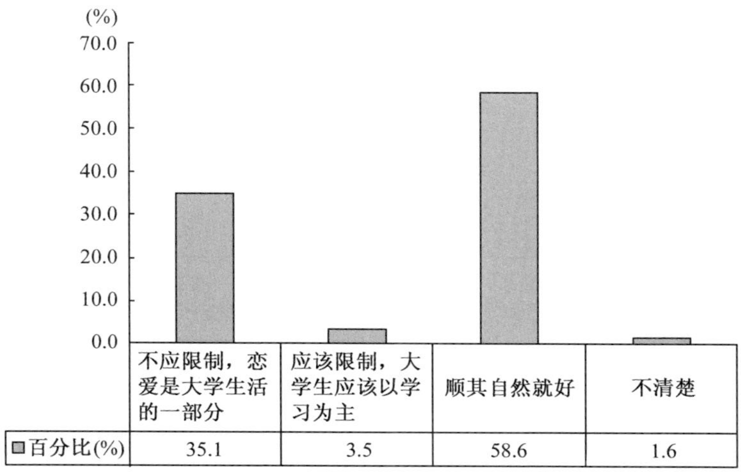

图 3-20　大学生对大学生谈恋爱的看法及人数比例

如图 3-21 所示，大学生在对待大学生恋爱原因的看法上，寻找感情寄托占最大比重，为 56.8%，其后排遣寂寞、生理的需要、跟风、寻找配偶所占比重依次降低，分别为 14.9%、9.4%、5.5%、4.6%。其中，有 6.9%的学生认为大学生恋爱存在其他原因。

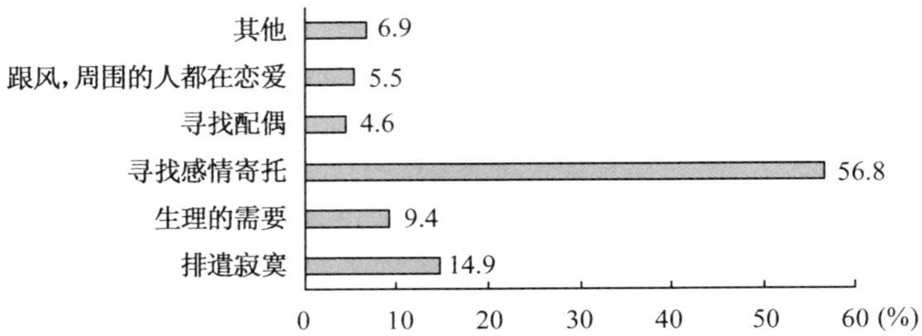

图 3-21　大学生认为大学生恋爱的原因及比例

调查发现，当代大学生在择偶时更加注重“人品”“性格”和“两人之间的感情”，几乎都在 20%左右，而“相貌”“家庭背景”等人们看重的传统因素逐渐被淡化，甚至不到 10%(见图 3-22)。

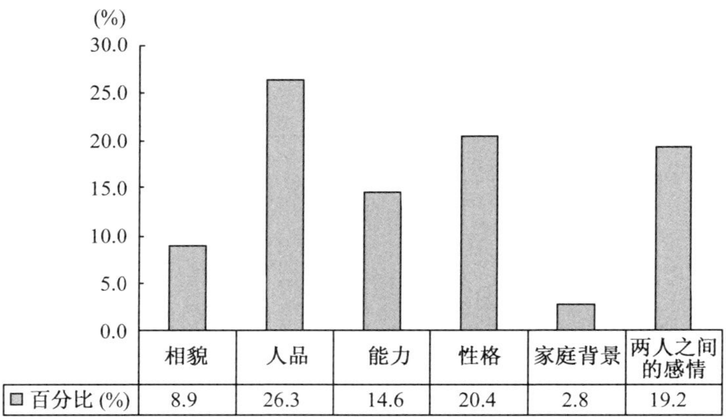

图 3-22　当代大学生选择恋爱对象的标准及比例

在对待婚前性行为这个问题上，如图 3-23 所示，71.0%的大学生认为应具有责任感，不可轻率；11.6%的大学生认为这是恋爱中的正常部分；9.8%的大学生认为自由快乐就好；5.4%的大学生持坚决反对态度。由此可见，大多数学生对婚前性行为持谨慎态度。

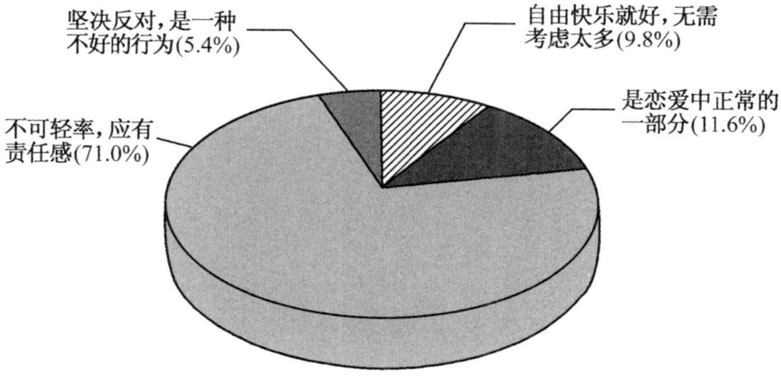

图 3-23　大学生怎样看待婚前性行为及人数比例

二、教师调研数据统计

参与调研的教师群体中，有“两课”教师、辅导员和部分专业课教师，绝大多数为女性教师，占总数的 60.1%，39.9%为男性教师。大多数教师政治面貌为中共党员，共青团员和群众的比例相当，民主党派人士较大学生比例有所提升。绝大多数教师没有宗教信仰，只有 1.4%的教师表示有宗教信仰。学科分布主要集中在文科，理工科和医科较少(见图 3-24)。

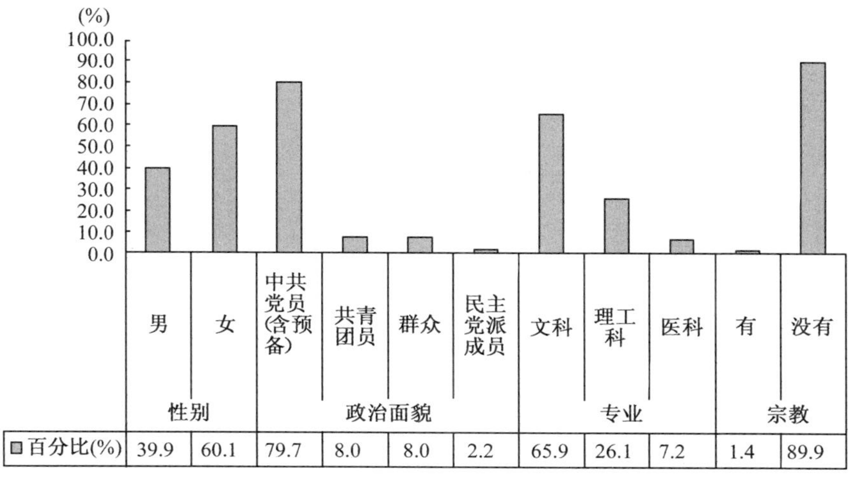

图 3-24　被调查教师的基本情况

(一)政治价值观

如表3-3所示,在坚持马克思主义的指导地位、坚持中国特色社会主义道路等方面,7～8成的教师对这些价值观现状持非常赞同态度,2成左右教师持比较赞同态度,极少数教师甚至是没有教师持非常不赞同态度。由此可见,绝大多数教师坚定不移地拥护党的领导以及党的各项方针制度,很少有教师持较为偏激的观点。

表3-3　　教师对于下列价值观现状的态度(%)

	非常赞同	比较赞同	不清楚	较不赞同	非常不赞同
(1)必须坚持马克思主义在我国意识形态领域的指导地位	70.3	19.6	4.3	5.1	0.7
(2)我国必须坚持走中国特色社会主义道路	76.1	16.7	5.1	2.2	0.0
(3)我国必须坚持人民代表大会制度,不能搞“三权分立”	73.2	15.9	5.1	5.1	0.7
(4)中国共产党是中国特色社会主义事业的领导核心	84.1	11.6	2.9	0.7	0.7
(5)人民民主是社会主义的生命,党内民主是党的生命	84.8	11.6	2.2	1.4	0.0
(6)必须坚持公有制为主体、多种所有制经济共同发展的基本经济制度	77.5	9.4	5.8	6.5	0.7
(7)必须坚持中国共产党领导下的多党合作和政治协商制度	81.9	14.5	1.4	2.2	0.0
(8)政治体制改革是我国全面改革的重要组成部分,必须坚持党的领导、人民当家做主、依法治国有机统一	85.5	10.9	2.2	1.4	0.0
(9)我们取得的历史性成就,靠的是理论、路线、纲领的指引	71.7	20.3	5.8	2.2	0.0
(10)增强各族人民对祖国、民族和文化的认同是巩固各族干部群众共同团结奋斗、共同繁荣发展思想基础的重要内容	86.2	11.6	1.4	0.7	0.0
(11)社会主义核心价值观的作用是方向性的、决定性的	80.4	14.5	2.9	1.4	0.7
(12)坚持对马克思主义的信仰和对共产主义的信念是经受考验的精神法宝	72.5	18.1	5.8	3.6	0.0
(13)中国共产党有能力把自身建设搞好	73.2	17.4	7.2	0.7	0.7
(14)科学发展观是必须坚持的战略思想	82.6	14.5	2.2	0.7	0.0

(二)道德价值观

关于教师如何看待传统美德这个问题，8 成以上的教师认为传统美德具有很强的现实意义，应该得到传承和发扬。9.4%的教师认为传统美德是我国的文化宝藏，但不可否认与现实生活有冲突。无一人认为传统美德已经落伍(见图 3-25)。

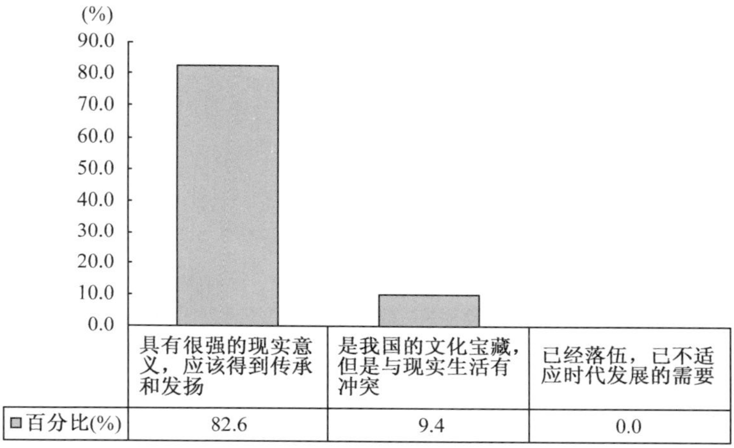

图 3-25　教师如何看待传统美德及人数比例

如表 3-4 所示，遇到如小偷行窃、毁坏公物、违反交通法规等事情发生时，近 8 成的教师都会选择上前制止违法或不文明行为，选择帮助他人。在面对捡到钱包、公交车上遇到弱势群体等事件时，9 成以上的教师会对其进行帮助。

表 3-4　　教师遇到以下事情会怎样做及比例(%)

	上前制止/选择帮助他人	装作没看见	不清楚
小偷行窃	78.3	7.2	12.3
践踏草坪、攀折花草	76.1	14.5	8.0
在名胜古迹刻字、贴广告等乱写乱画行为	78.3	12.3	8.7
闯红灯、翻越护栏等违反交通规则的行为	63.0	20.3	14.5
老人在马路上跌倒	79.0	5.1	13.0
捡到钱包	92.8	3.6	0.7
公交车上遇到弱势群体	95.7	2.9	0.0

如图 3-26 所示，3.6%的教师非常赞同这个看法；53.6%的教师比较赞同“人都是利己的”这个看法；35.5%的教师并不赞同这个看法。由此可见，多数的教师是赞同“人都是利己的”这个看法的。在这一方面，同学生群体的调研结果具有一致性。

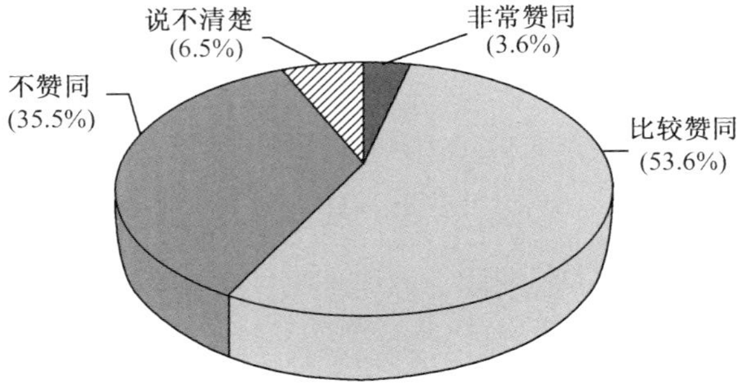

图 3-26 教师对“人都是利己的”的看法及比例

（三）消费价值观

绝大多数教师拥有科学合理的消费观，37.7%的教师认为生活中应该“勤俭节约”，选择“收支相当”的教师比例也达 37.7%。20.3%的教师选择“遇到喜欢的、实用的再贵也买，不喜欢的、不实用的再便宜也不买”，只有 3.6%的教师觉得生活中应该“超前消费”（见图 3-27）。

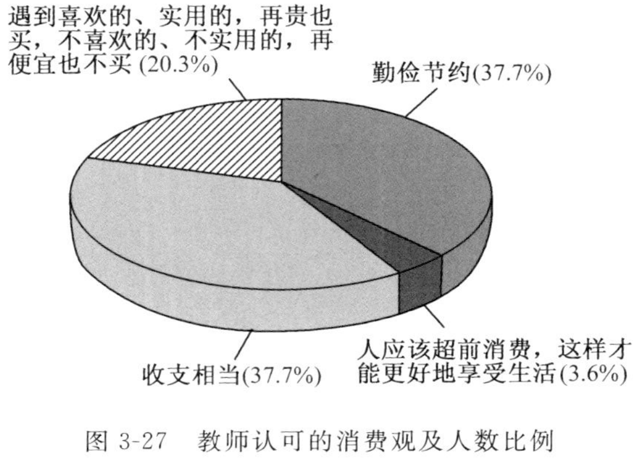

图 3-27 教师认可的消费观及人数比例

（四）人际价值观

调查显示，对于教师来说，最大的压力来自于自身前途问题，所占比例为 38.4%，其次为学习和科研问题，所占比例为 36.2%；经济压力问题占 10.1%，这也是教师主要的压力来源之一。此外，人际关系问题、家庭问题等也会带来不同程度的压力（见图 3-28）。

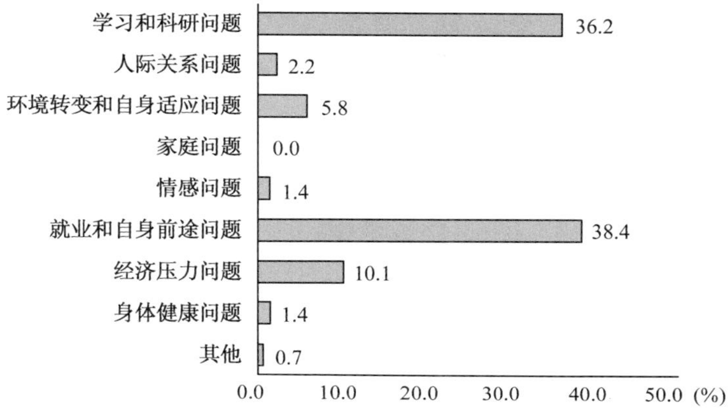

图 3-28　教师在大学期间最大的压力来源及比例

教师日常生活中的交往对象中，所占比例最大的是学生，占 32.6%，此外，朋友占 24.6%，家人占 23.2%，同事占 15.2%（见图 3-29）。

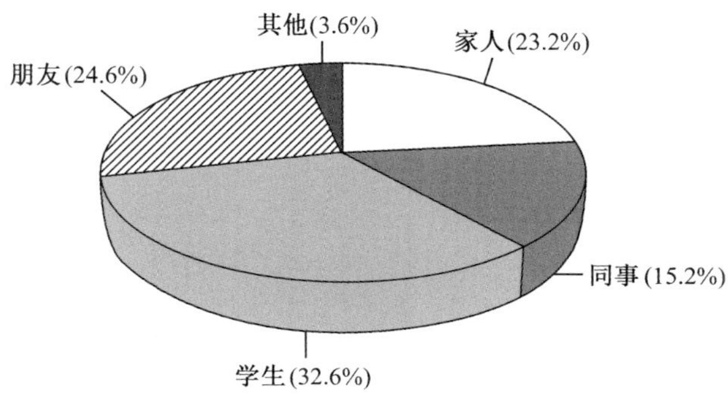

图 3-29　教师平时交往最多的对象及比例

绝大多数被调查教师赞同将“以诚相待、互相尊重”作为朋友之间的相处之道，这部分教师所占比例为 94.9%，此外，认为朋友意味着“自己要全身心付出”的人占 2.9%，认为朋友之间“互利互惠、为我所用”的占 1.4%，认为朋友是“为我所用”的代名词的比例为 0.7%（见图 3-30）。

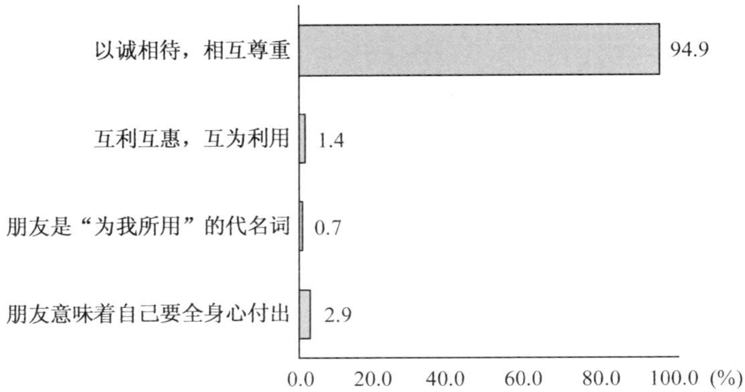

图 3-30　教师对朋友之间的相处之道的看法及比例

调查结果显示，37.7%的被调查教师赞同与人相处时应该为他人着想，不计较个人得失，33.3%的教师认为与人相处的原则是在利己的前提下利人，还有 26.8%的教师赞同与人相处应该在利人的前提下利己。值得注意的是，被调查教师中没有人选择自我利益这一项(见图 3-31)。

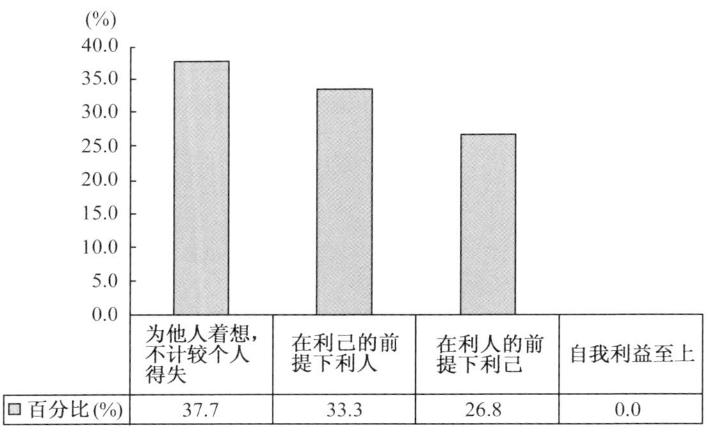

图 3-31　教师认为应怎样与人相处及比例

（五）人生价值观

调查显示，35.3%的教师认为自己有非常明确的人生目标；超过一半的教师认为自己有大致的人生目标，但不是很明确；还有 1.4%的教师认为自己虽然有人生目标，但是经常更换；只有 0.7%的教师没有人生目标，且很少考虑这个问题(见图 3-32)。

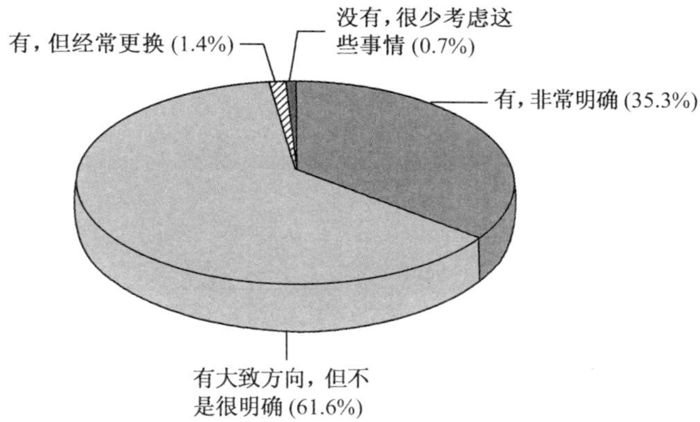

图 3-32　教师认为自己是否拥有明确的人生目标及比例

对于价值观的理解，教师认为“德行”“才能”和“社会奉献”才是其应有之意，分别为 24.6%、22.0%和 17.4%，而“金钱”“地位”和“权力”占的比例较小。这一结果同学生群体的调研同样具有一致性（见图 3-33）。

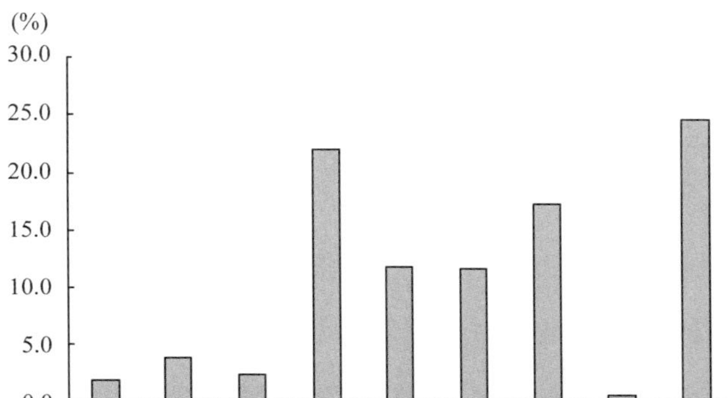

	地位	金钱	名誉	才能	成就	知识	社会奉献	权力	德行
▣百分比(%)	1.9	3.9	2.4	22.0	11.8	11.6	17.4	0.5	24.6

图 3-33　教师对个人价值重要性的理解及比例

（六）职业价值观

调查结果显示，多数教师赞同一个人在社会中生存和发展的关键因素是个人能力和自我奋斗，所占比例为 61.6%。18.8%的教师认为在社会中生存和发展主要依靠诚信等良好的品质。此外，还有一小部分教师认为，家庭背景和社会关系、机遇以及人生经验这些因素都会影响一个人在社会中的生存和发展（见图 3-34）。

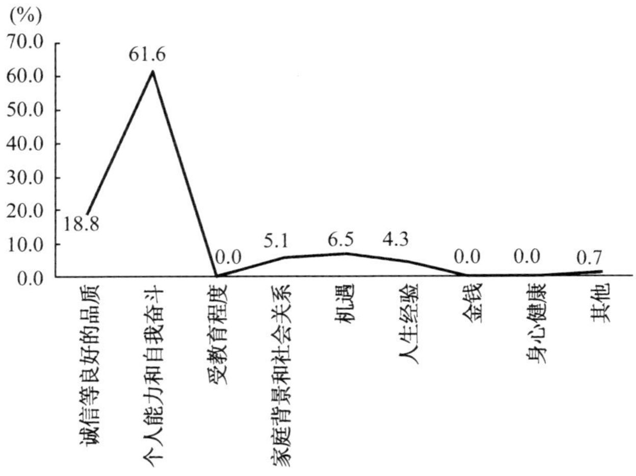

图 3-34　教师认为一个人在社会中生存和发展最主要依靠的因素及比例

调查显示，“是否有利于个人发展”“经济收入高，福利待遇好”“单位环境”和“单位性质”是教师选择职业时优先考虑的因素。“单位性质”和“离家距离”对教师择业的选择影响占比重较低(见图 3-35)。

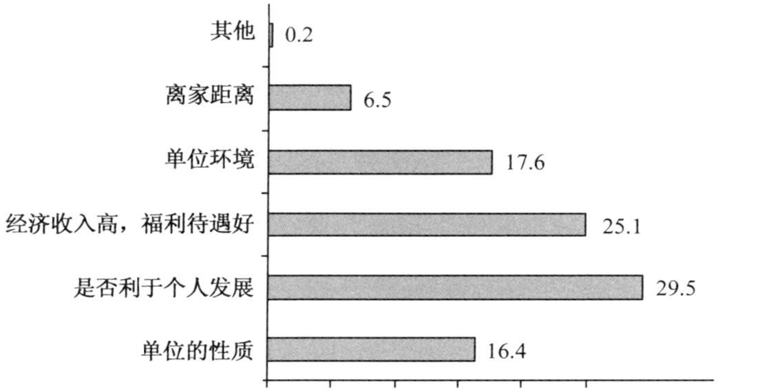

图 3-35　教师选择职业时优先考虑的因素及比例

在被调查教师看来，找到一份工作的关键是较强的工作能力，占被调查总数的 63%。部分教师认为找工作除了较强的工作能力外，还需要机会和机遇，所占比例为 16.7%，此外，认为优异的专业成绩是找到工作关键的教师占 8.7%，认为社会关系是关键因素的比例为 5.1%。还有一小部分教师认为所学专业和毕业学校是找工作的关键(见图 3-36)。

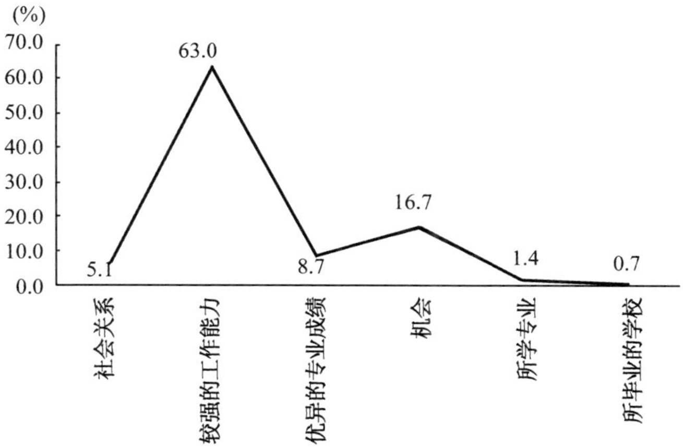

图 3-36　教师认为找到一份工作的关键因素及比例

(七)恋爱价值观

关于教师如何看待大学生恋爱这个问题,53.6%的教师认为大学生应该以学习为主,应该限制大学生恋爱;35.5%的教师认为顺其自然就好,极少数教师认为不应该限制大学生恋爱(见图 3-37)。

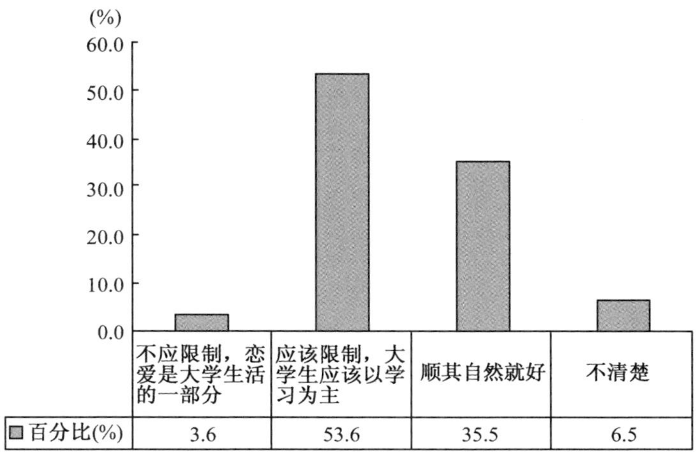

图 3-37　教师对于大学生谈恋爱的看法及比例

调查发现,“人品”“性格”和“两人之间的感情”是教师在择偶时较为看中的,而“相貌”“家庭背景”等传统因素的影响则十分微弱(见图 3-38)。

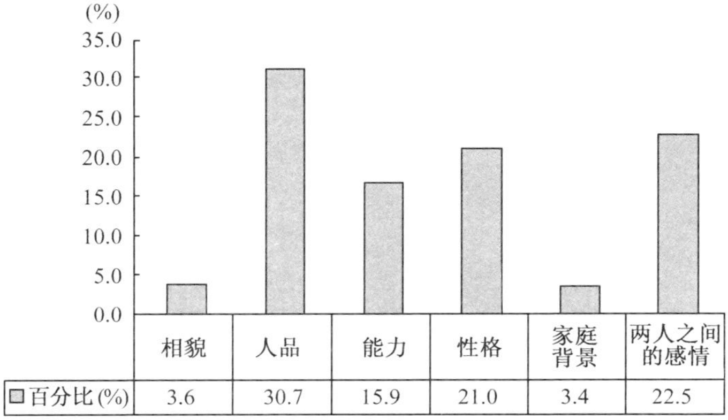

图 3-38　教师选择恋爱对象的标准及比例

在对待婚前性行为这个问题上，77.5%的教师认为大学生不可轻率，应有责任感；13.0%的教师认为婚前性行为是恋爱中正常的一部分；2.9%的教师持坚决反对态度；仅有 2.2%的教师赞同自由快乐就好，无须考虑太多。由此可见，大多数教师对此事持较为保守谨慎的态度(见图 3-39)。

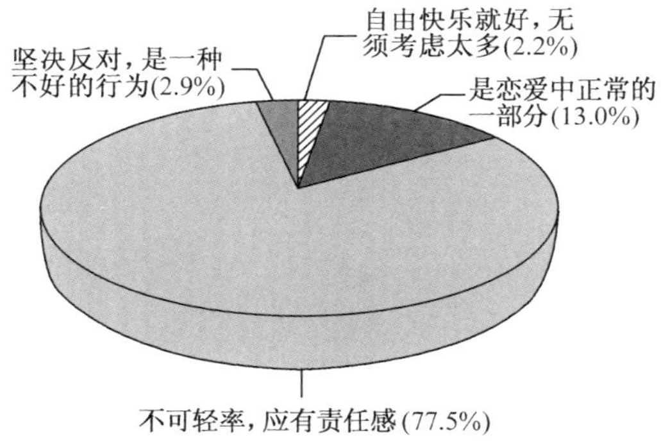

图 3-39　教师怎样看待婚前性行为及人数比例

如表 3-5 所示，5 成以上的教师认为当代大学生在爱国热情以及尊师爱友方面做得好，6 成左右的教师认为当代大学生在团队合作精神、法治和纪律观念、人际交往能力、诚信意识、社会责任感、集体观念、理想信念、身体素质等方面做得一般；而较多的教师认为，当代大学生在心理素质、维权意识、吃苦耐劳精神、奉献精神以及身体素质方面较弱，仍有待提高。

表 3-5　　教师对当代大学生在以下方面的评价及比例(%)

	(1)强(好)	(2)一般	(3)弱(差)
(1)爱国热情	58.0	38.4	1.4
(2)团队合作精神	31.2	62.3	5.1
(3)法制和纪律观念	31.9	60.9	5.8
(4)心理素质	21.7	55.8	21.0
(5)维权意识	42.8	39.1	16.7
(6)人际交往能力	35.5	55.8	7.2
(7)诚信意识	38.4	55.1	4.3
(8)社会责任感	30.4	55.8	12.3
(9)吃苦耐劳精神	17.4	53.6	27.5
(10)奉献精神	21.7	52.9	23.9
(11)集体观念	24.6	64.5	9.4
(12)文明素养	41.3	51.4	4.3
(13)理想信念	32.6	57.2	8.7
(14)创新精神	34.8	52.9	10.9
(15)实践能力	37.7	51.4	9.4
(16)身体素质	24.6	58.0	15.9
(17)尊师爱友	49.3	43.5	5.8

三、学生与教师调研结果对比分析

(一)政治价值观:赞同意见持平,教师略高

调查发现,在政治价值观方面,学生和教师对于党和国家的大政方针持赞同意见的比较多,在80%以上,且二者不存在明显差异。但在不赞同方面,学生和教师的差异比较大,说明当前大学生对党和国家某些政策的认识不深,需要加强大学生精神文明建设(见图 3-40)。

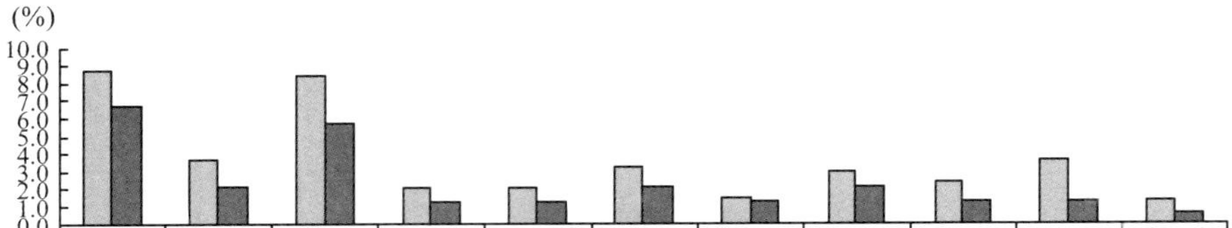

	必须坚持马克思主义在我国意识形态领域的指…	我国必须坚持走中国特色社会主义道路，不能…	我国必须坚持人民代表大会制度，不能搞“三…	中国共产党是中国特色社会主义事业的领导核…	人民民主是社会主义的生命，党内民主是党…	我国必须坚持中国共产党领导下的多党合作和…	政治体制改革是我国全面改革的重要组成部…	我们取得的历史性成就，靠的是党的基本理…	社会主义核心价值体系是兴国之魂，决定着…	中国共产党有能力把自身建设搞好	科学发展观是发展中国特色社会主义必须坚持…
学生(%)	8.7	3.7	8.4	2.1	2.1	3.3	1.5	3.0	2.4	3.6	1.4
教师(%)	6.8	2.2	5.8	1.4	1.4	2.2	1.4	2.2	1.4	1.4	0.7

图 3-40　持“较不赞同”和“非常不赞同”的学生和教师比例

(二)道德价值观:学生更倾向于冲突观点

在调查学生和教师对中华传统美德的看法时,学生更倾向于认为“中华传统美德是我国的文化宝藏,但是与现实生活有冲突”,比例高达 72.0%;而教师只有 9.4%。教师更倾向认为的是“中华传统美德具有很强的现实意义,应该得到发扬”,比例高达 82.6%,比学生高出 68.8%(见图 3-41)。

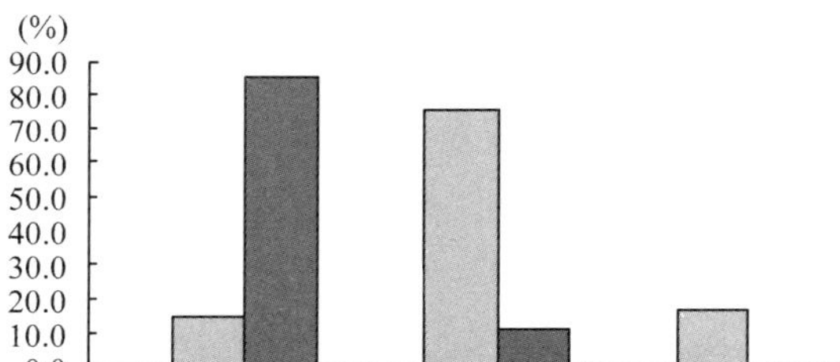

	具有很强的现实意义，应该得到发扬	是我国的文化宝藏,但是与现实生活有冲突	已经落伍，不适应时代发展的需要
学生 (%)	13.8	72.0	13.7
教师 (%)	82.6	9.4	0.0

图 3-41　学生和教师对中华传统美德的看法及比例

(三)对于道德失范现象,学生冷漠性更高

调查发现,对于一些“践踏草坪”“闯红灯”等现象,学生上前制止的可能性要小于教师,而“装作没看见”的可能性要高于教师,这在一定程度上说明当代大学生道德意识有所下降,这可能与整个社会环境有关,如果不加以合理引导,

可能会出现学历越高、自我保护意识越强而社会责任感和道德滑坡的后果(见表 3-6)。

表 3-6　　学生和教师对于一些社会现象的态度对比及比例(%)

	上前制止/选择帮助他人		装作没看见	
	学生	教师	学生	教师
小偷行窃	73.4	78.3	11.2	7.2
践踏草坪、攀折花草	63.5	76.1	23.6	8.0
在名胜古迹刻字、贴广告等乱写乱画行为	69.9	78.3	19.7	8.7
闯红灯、翻越护栏等违反交通规则的行为	58.3	63.0	25.8	14.5
老人在马路上跌倒	75.5	79.0	10.0	13.0
捡到钱包	87.3	92.8	6.3	0.7
公交车上的弱势群体	94.7	95.7	3.3	0.0

(四)人际交往观:压力来源各有不同

对于大学期间主要的压力来源这个问题,虽然学生和教师中排第一位和第二位的都是就业和自身前途问题以及学习和科研问题,但是学生的就业和前途问题所占比例为 46.7%,高于教师的 38.4%,推测原因可能为当代大学生毕业时面临的升学和就业形势更加严峻,所以压力更大。而学习和科研问题给教师带来了更大的压力,所占比例为 36.2%,对于学生来说所占比例则略小,为 31.5%(见图 3-42)。

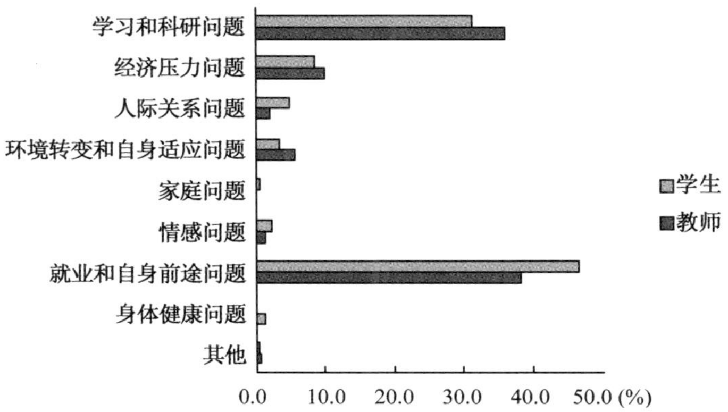

图 3-42　学生和教师不同的压力来源及比例

(五)人生价值观:教师较学生更为明确

在被问及是否有明确的人生目标时,教师和学生表现出了较大的差异。35.3%的教师认为自己有非常明确的人生目标,但只有21.6%的学生认为自己有明确的人生目标;61.6%的教师认为自己有大致方向,而持这个观点的学生却占70.3%。由此可见,和教师相比,大学生的人生目标普遍不是很明确,其人生价值观会根据环境的改变而发生变化(见图3-43)。

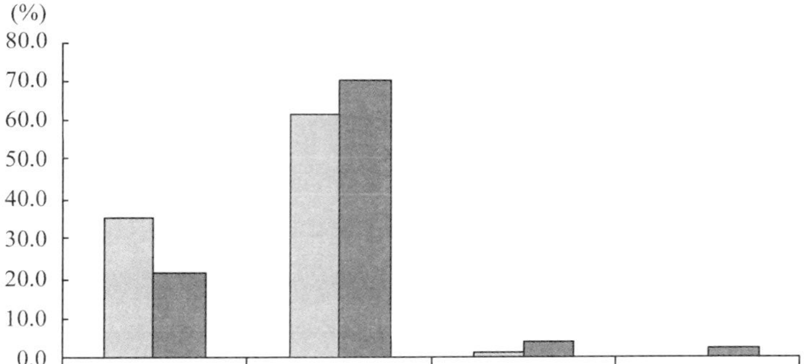

	有,非常明确	有大致方向,但不是很明确	有,但经常更换	没有,很少考虑这些事情
□ 教师(%)	35.3	61.6	1.4	0.7
■ 学生(%)	21.6	70.3	4.7	2.7

图3-43　教师和学生的人生目标是否明确的对比

(六)职业价值观:学生倾向于能力,教师更看重机会

调查结果显示,虽然大部分学生和教师都赞同较强的工作能力是找到一份理想工作的关键,但还是有一定的区别:73.6%的大学生赞同这个观点,持这个观点的教师所占比例相对较小,为63.0%。16.7%的教师认为机会和机遇也是找到一份理想工作必不可少的要素,相比之下只有8.3%的大学生重视机会和机遇的作用。此外,强调优异的专业成绩的重要性的教师比例也高于学生的比例。由此可见,由于社会竞争的日益激烈和社会环境的变化,当前大学生择业就业时更注重过硬的工作能力和适应能力(见图3-44)。

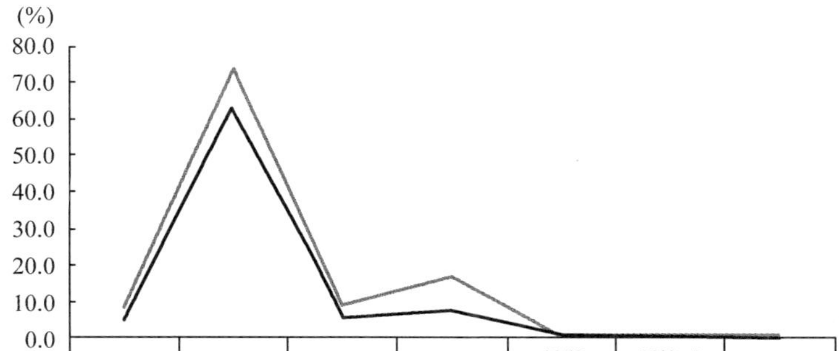

	社会关系	较强的工作能力	优异的专业成绩	机会	所学专业	所毕业的学校	其他
学生(%)	8.1	73.6	5.4	8.3	1.2	1.5	1.0
教师(%)	5.1	63.0	8.7	16.7	1.4	0.7	0.0

图 3-44　教师和学生对找到一份理想工作的关键因素的看法及比例

（七）恋爱价值观：学生顺其自然，教师谨慎起见

在问及对大学生谈恋爱的看法时，大学生更多的回答是顺其自然，占总人数的 58.6%，而教师更多的认为“不应限制，恋爱是大学生活的一部分”，比例为 40.6%，高于学生对该选项的回答。除此之外，教师认为“应该限制”的比例也高于学生 3%（见图 3-45）。这说明大学生已经能够科学地认识恋爱，而不是片面地看待恋爱。

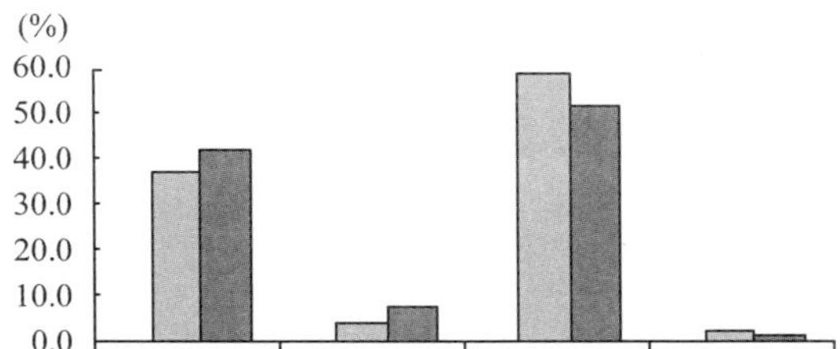

	不应限制，恋爱是大学生活的一部分	应该限制，大学生应该以学习为主	顺其自然就好	不清楚
学生 (%)	35.1	3.5	58.6	1.6
教师 (%)	40.6	6.5	50.7	0.7

图 3-45　如何看待大学生谈恋爱的师生差异

第四节 调查结论

一、客观题分析结论

问卷设计以客观题为主体，共设计了36道选择题，供受访者根据个人情况作出选择。运用SPSS 20.0等软件对数据进行分析、处理和作图，通过横向分析当代大学生群体价值观的调研数据，以及纵向对比大学教师与在校大学生的有关价值观的认识，并从当代大学生的政治价值观、道德价值观、消费价值观、人际价值观、人生价值观、职业价值观和恋爱价值观等七个方面进行调查，得出结论。总体上，当代大学生拥有较为健康和端正的价值观，但仍存在一些问题，现简要概述如下：

在政治价值观方面，绝大多数大学生坚定不移地拥护党的领导以及党的各项方针制度，但仍有学生持较为偏激的观点。

在道德价值观方面，一部分大学生认为传统美德已经落伍，认为其与现实生活冲突较大，且在面对社会不良现象时表现出了越来越高的冷漠性。

在消费价值观方面，有小部分大学生在人情消费、娱乐消费方面支出较大，支持“超前消费”。

在人际价值观方面，绝大多数大学生感受到了来自就业、自身前途以及学习科研等各方面的压力，然而调查发现，大学生的心理调适能力较弱，有些学生的处理方式有待加强。

在人生价值观方面，极少数大学生与老师进行较多的沟通，部分学生认为应在利己的前提下利人，仍有学生认为自我利益至上，大学期间应游戏人生、抓紧玩乐。

在职业价值观方面，有的大学生认为现在是“拼关系”的时代，学得好不如有好的关系；并且职业目标并不十分明确。在恋爱价值观方面，大学生观念更趋向于顺其自然，并非十分严谨。

二、主观题分析结论

对大学生价值观现状进行实证分析，除了可供实证研究的科学性、有效性之外，更在于发现当前大学生价值观多元、信仰缺失等问题，为凝练大学生价值观内容找到依据及参考。因此，在调查问卷的最后，笔者围绕大学生价值观设计了若干选择题和开放题，如“你认为目前凝练大学生价值观有无必要性?”“你对价值观的概念认知?”“请尝试用一个词语或者一句话概括当前大学生的价值观”等，通过统计、分析，发现了以下几个结论：

首先，在对待凝练大学生价值观有无必要性问题上，约52%的同学选择了“有必要”，17%的同学认为“没有必要”，31%的同学选择了中立的“无所谓”。通过这一调研结果可以看出，对于找到一个更为贴近大学生群体特点、更有指向性的大学生价值观内容来规约大学生行为、起到价值导向作用的观点，得到了大部分同学的认可。大学生还是期待找到代表自身特征的“价值标签”，借以提升更优秀的公民素养。

其次，在价值观概念认知方面，调查对象对大学生价值观的认知持乐观态度，所填词语多偏向积极健康类，体现了大学生向上的精神风貌；对大学生价值观的认知维度主要集中于大学生学习、自我修养及肩负责任等方面，认可价值观的稳定性、主导地位。由于给出的答案并不集中，各有想法，可见受访者对于大学生价值观的认知呈现模糊化、多样性等特点。

最后，让受访师生用一个词语或者一句话概括大学生价值观。调查对象所给出的答案丰富多样，经过统计分析发现，选择“积极”一词来形容当今大学生价值观的为84人，占有效问卷比例为6.5%；选择“责任”一词的为81人，占比约为6.3%；；选择“奋斗”一词的为62人，占比约为4.8%；选择“诚信”和“进取”一词的分别为55人和54人，占比分别约为4.3%和4.2%；选择“创新”“担当”及“理性”的分别为48人、41人和45人，分别占比约为3.7%、3.2%和3.5%；“努力”和“自省”的选择人数为37和32，占比分别约为2.9%和2.5%；“和谐”“思考”“自信”“认真”“理想”“勤奋”“独立”“自立”“追求”的选择人数分别为25人、22人、24人、21人、21人、23人、27人、26人、24人，占比分别约为2.0%、1.7%、1.9%、1.6%、1.6%、1.8%、2.1%、2.0%、1.9%。由于调查对象用词的多样性和复杂性，选用较少词语的在此不再一一列出。

从上述结果分析可以看出，在当今我国文化生态视域下，当代大学生价值观的树立受多重因素的影响，而且当代大学生价值观的内容随着此类因素的发展而变化。因此，在教育引导大学生树立正确的价值观时，学校思政教育工作者应在树立基本价值观的前提下，充分尊重大学生主体关于价值观的不同表现形式，并注重引导大学生树立更具科学性和代表性的价值观。

第四章　大学生价值观内容凝练

文化生态学重视文化产生、变迁以及与环境的关系。价值观是文化的灵魂所在，两者间的内在关联决定了在文化生态视域下，必须看到当前大学生价值观所面临的冲突与抉择，认清重构价值观的必要性、紧迫性。遵照文化系统的开放性和一致性原则，在系统开放的必然趋势下，把握文化发展规律，尊重主体价值诉求，尽可能保持系统内部各个媒介和要素的一致性导向，根据高校文化生态系统的具体环境和大学生自身特点，凝练符合大学生群体特征和需要的价值观内容，是具有现实意义的。大学生群体作为社会发展的推动主力，理应塑造指向优秀公民的价值观内涵，并努力付诸实践。在凝练的过程中，必须处理好大学生价值观的内容与社会主义核心价值观公民层面的“爱国、敬业、诚信、友善”八字内容两者的关系，在一定原则和方法下，找到凝练大学生价值观的理论和现实依据，选择客观、科学的路径，重构大学生价值观内涵体系。

第一节　凝练背景：以文化环境的变化为出发点

文化生态视域下当代大学生价值观的构建要求必须分析当下国际文化环境与中国现实状况，着眼于大学生的思想实际，以立体、全面、多元的视角对当前社会环境和主体意识进行分析和把握，找寻大学生认同的价值共识，形成社会主义核心价值观的有机组成。

一、从宏观角度看文化冲突下的价值观引领

立足当下国际环境与中国的现实状况可以发现在信息全球化与经济多样

化背景下形成的文化冲突造就了大学生在价值观塑造中的两难选择。在教育环境中，他们既折服于传统文化的底蕴魅力，又追逐现代文化的开放创新；在行为方式上，他们既展现了民族文化的鲜明个性，又渗透出外来文化的自由痕迹；在情感表达中，他们既认可主流文化是利他无私的，又接纳大众文化的浮华功利。这些都体现出了广义文化中制度文化及非制度文化的冲突与较量，让我们更清晰地看清了不同文化的先进与局限，以弘扬主导文化，探索价值观的构建路径。

（一）现代文化与传统文化的冲突

随着我国现代化进程的发展，市场化程度越来越高，一种以娱乐为主要形式、以消费为主要载体、以逐利为主要目的的新兴现代文化产生了，并受到大学生的追捧。这种模式与中国传统文化所倡导的自身教化和修养、和谐统一、以义生利、勤勉敬业形成了新旧价值观的冲突，在这两种异质文化的冲突中，具有反叛求变精神的大学生往往放弃了传统的价值理念，缺乏认知的主动性，而被动地接受了现代文化的冲击和浸染，或陷入了价值观选择的迷茫与困惑中，最终使大学生传统的价值体系受到了重创，找不到其赖以发展和维系的根基。

（二）西方文化与东方文化的冲突

民族性是文化独一无二的根本属性，随着全球化、市场化和信息化进程的加快，异质文化渗透和冲突的时代业已来临。以西方为代表的外来文化宣扬普世价值，注重理性，崇尚自由；东方文化厚重刚毅，温婉简约，倡导和谐统一，以义取利。两种文化自然会产生摩擦和冲突，在这场明暗较量中，外来文化的商业性、竞争性逐渐被民众接受，特别是为青年群体所效仿和追逐。原本应双向互惠的文化交流在很大程度上成了一种“单向流动”，本民族文化受到冲淡甚至排斥，从而削弱了民族文化的主体意识、传统价值和精髓实质，造成了当代大学生精神空虚和道德缺失。

（三）主流文化与大众文化的冲突

主流文化是建立在国家权力基础上的，表达国家正统意识形态的文化。它反映了一个国家的根本意志，是核心价值观的体现和执政的根基，确保了民生发展和政治稳定，具有崇高的责任性和稳定性。大众文化是一个时代特征的表现和产物，它以消解文化存在性为目的，张扬个性和创造性，造成文化的功利性、平面化，特别是后现代主义等消极亚文化的出现，在青年学生中留下了深刻的烙印。大众文化的逐利、速成等特点促使他们要想保持生命力，必须努力制造潮流与时尚，勾勒出一幅新鲜绚丽的画面，无法经起时间考验，就会成为雁去无痕的虚假幻象。

(四)制度文化与非制度文化的冲突

文化从广义上来看，可以分为制度文化与非制度文化。严格恪守社会规范的行为属于制度文化的范畴，而非制度文化范畴具有较大的自发性与随意性。我们所说的“价值观塑造”就是要在制度文化中找到支撑，从中提炼出主导文化，培植文化合力。对于大学生而言，上至社会主义核心价值观，下至学校各项制度规范，都体现了制度文化的要求，其目的是统摄、引领青年学生正向积极的主流思想，避免行为失范所造成的种种危害。作为自发形成的非制度文化集腋成裘的和潜移默化的教育效果，我们可以总结借鉴，并在塑造核心价值观的过程中开阔思维。

在我国，自 2006 年党的十六届六中全会提出“建设社会主义核心价值体系”以来，围绕价值观的讨论由理论层面渗透到了实践层面。党的十七大把“切实把社会主义核心价值体系融入国民教育和精神文明建设全过程，转化为人民的自觉追求”列入当前推动社会主义文化繁荣发展的重要任务，提高社会主义核心价值体系的“全民感召力”，从宏观层面提出了战略要求和整合调控。不仅是在国家政策层面提出了构建社会主义核心价值体系的要求，在理论界和各个行业内部，也广泛开展了对核心价值观的研究和实践，产生了不少有借鉴价值的研究成果和表达表述方式。党的十八大、十八届二中全会、十八届三中全会公告和《关于培育和践行社会主义核心价值观的意见》的出台，提出了 24 字的社会主义核心价值观，特别是着眼于公民层面，提出要“爱国、敬业、诚信、友善”，进一步表明了现代公民应该持有的基本价值准则。特别是近年来，以《习近平在同各界优秀青年代表座谈时发表的重要讲话》为代表，强调青年应为实现“中国梦”而努力，身体力行地践行社会主义核心价值观。

二、从微观角度看信仰缺失下的主体精神诉求

从微观层面看，当代大学生作为中国未来发展的希望和栋梁，处于价值观塑造的最关键人生阶段，面临着由多元文化这一“双刃剑”带来的诸多挑战和考验。价值多元化的存在现实决定了构建大学生价值观的必要性。

信仰是内化于心的对主观世界的理性认识，是个人生活中的理性部分和价值基础，也是一个社会人有所为、有所不为的态度和准则。信仰是真实有效的，

我们可以通过追问的方式发现信仰的存在和正误，如："求学为了什么？"答案会有很多种，可以是为了充实自我，为了更好的生活，为了完成父母所寄托等，这些回答虽然现实、真实，却未触及根本。信仰应该是与生命同行的，它的价值在于思维和升华，只有经历了不被现实束缚的理性思索和精神升华后，才不会仅仅囿于现实而失去境界。因此，对于青年来说，信仰是具有强大力量的，不仅是成长过程中的助力剂，更是要终生仰靠的精神支撑。

放眼现实，大学生置身于复杂的社会环境中，几乎始终禁锢在"应试教育"的成长模式下，为了争取在升学路上脱颖而出，取得一席之位，逐渐形成了以自我为中心的行事方式，忽略了除自身以外的一切人和事。在他们的幼年时代，被指责任性无礼，不懂谦让；在少年时代，容易迷失自我，追逐个性和叛逆。在书本上学到的政治文化价值观只是被动地去记忆，甚至对"思想政治"这样的词汇出现一些敏感和抵制情绪，不论是否理解，只是应付考试，过眼即忘。在他们成年以后，独立面对复杂的社会环境、文化价值和人际关系等现实问题时，往往不知所措，进而产生人生目标的丧失和人生意义的迷茫。

我们在担忧大学生道德现状，将其定性为"信仰缺失"之前，首先要分析它形成的原因，找到弥补的关键点。某些大学生确实存在终日宅在宿舍、逃课、网游，花前月下谈情说爱，学术不究心不在焉，不知感恩一味索取等问题，但是这些现象的产生并非是一朝一夕的，应对这些现状，简单地用说教方式堵、禁、压是行不通、不奏效的，而需要真正从"以人为本"出发，将他们对信仰的理解上升到自我需求的层面，意识到价值观的树立和引领是伴其一生的"必需品""生存养料"，科学地把握大学生的成长规律，引导他们客观分析多元文化时代的社会现实问题，弘扬优秀的传统文化，在实践中探寻正确的人生方向；在高度自觉的基础上认识信仰的价值，树立正确的价值取向。因此，科学地凝练认同度高的当代大学生价值观具有重要的现实意义。

第二节　凝练原则：以文化发展的顺应为切入点

对当代大学生价值观进行凝练需要遵循文化发展变化的规律，这是使其具有科学性、现实性、包容性的基础。这其中既包括起到引领作用的主导原则，也包括辅助理解的参考性原则；既包括具有学术价值的理论原则，又包括彰显时代意义的现实原则。主导性原则主要表现为《关于培育和践行社会主义核心价值观的意见》的内容要求，具体就是"坚持以人为本，尊重群众主体地位，关注人们利益诉求和价值愿望，促进人的全面发展；坚持以理想信念为核心，抓住世界观、人生观、价值观这个总开关，在全社会牢固树立中国特色社会主义共同理想，着力铸牢人们的精神支柱；坚持联系实际，区分层次和对象，加强分类指导，找准与人们思想的共鸣点、与群众利益的交汇点，做到贴近性、对象化、接地气；坚持改进创新，善于运用群众喜闻乐见的方式，搭建群众便于参与的平台，开辟群众乐于参与的渠道，积极推进理念创新、手段创新和基层工作创新，增强工作的吸引力和感染力"①。这段话体现了在践行社会主义核心价值观的过程中所要秉承的方式方法，点明了主体性、灵魂性、实践性和创新性等要求。在理论研究方面，有学者提出，社会主义核心价值观的凝练要体现现实性、超越性和共同性②。有学者提出，对大学生价值观的凝练要遵循精炼性原则、思想性原则、包容性原则和可接受性原则③；还有学者提出，要把握实践性、生活化、规律性和科学性的原则，概括出既清晰又具有包容性的大学生价值观。本研究将借鉴以上原则和要求，从文化发展角度切入，找到文化发展的主流方向，兼顾社会发展和个人发展，体现文化价值的特性，以全方位、多视角地分析大学生价值观凝练的原则，从实践性出发，为概括出真实有效的价值观内容奠定基础。

一、遵从一个核心：社会主义核心价值观

建设社会主义核心价值体系的提出，是国家从政治高度上，自上而下地开始推进价值观的建设、培育与践行。社会主义核心价值体系中包含的主要内容是社会主义制度的本质体现和内在精髓。党的十八大进一步凝练、概括、提出了 24 字的社会主义核心价值观，这是社会主义核心价值体系的内核，反映了社会主义制度的本质特征，从国家、社会、个人三个层面强调了社会主义核心价值体系践行的具体要求。社会主义核心价值观在所有社会价值目标和价值体系中是居于统领和支配地位的，对于不同的社会群体和所有公民提出了具有一般性、广泛性、代表性的宏观价值观要求，代表了群体利益的最大化，是行动的准绳。

---

① 《关于培育和践行社会主义核心价值观的意见》，中国共产党新闻网 2013 年 12 月 23 日。

② 吴新文：《社会主义核心价值观》，重庆出版社 2009 年版，第 5～19 页。

③ 廖小琴：《大学生价值观凝练五题》，《探索》2013 年第 2 期。

大学生价值观既是对社会主义核心价值观的补充与延伸，又表现为社会主义核心价值观在高校校园中的微缩与反映。一方面，社会主义核心价值观体现了国家层面的意识形态，它高屋建瓴，以一领百，体现了整个社会的价值形态和全体民众的现实要求，涵盖了包括大学生群体在内的所有社会群体和行业的价值诉求。大学生价值观是社会主义核心价值观的重要组成部分，两者都是“价值意识中抽象层次最高，最具普遍性和概括性……从深层本质和深层规律层面来反映人们对社会生活和实践中的意义问题的价值意识”①。从现实意义上看，社会主义核心价值观教育要从小抓起、从学校抓起。另一方面，大学生价值观作为社会主义核心价值观的有机组成和实践具化，更进一步集中代表了高校青年群体的价值形态，更具有个性化，坚持从学生中来，到学生中去，更加集中地反映了群体意识，反映了实践问题，反映了生活元素，用青年话语彰显青年思想，代表青年利益，表达青年诉求。可以说，在社会主义核心价值观引领下凝练的大学生价值观更加生动化，更加亲切、真实、有效，能够有效引领带动大学生主动、积极地践行，逐步实现社会主义核心价值观的信念内化与行动外化。

综上，社会主义核心价值观同大学生价值观的关系应该是主导和从属、一般同特殊的关系，在凝练过程中，必须时刻以社会主义核心价值观的精神实质与具体要求为基本遵循，用马克思主义和社会主义的共同理想来引领大学生思想、规范约束行为；凝练大学生价值观要充分彰显大学生这一群体的独特特性，不能仅仅表现为社会主义核心价值观的同义替换或者单调重复，而需要真正反映青年群体的特征和现实需要，成为一种真实意识形态、生活意识形态、日常意识形态，为社会主义核心价值观的推进搭建桥梁和增添动力。

二、平衡两种角色：社会化角色和个体化角色

大学生价值观的凝练要遵从社会主义核心价值观的内容，以其作为精神引领，这决定了大学生价值观必将体现社会价值体系的实质和要求，体现国家和社会对大学生群体的政治要求，突显大学生群体的社会化角色。毛泽东说过：“没有正确的政治观点，就等于没有灵魂。”②对于大学生而言，更应该具备鲜明的政治立场和政治觉悟。很多学界学者对大学生价值观的内容进行概括提炼

---

① 吴倬：《关于社会主义核心价值观问题的理论思考》，《教学与研究》2008年第6期。

② 《毛泽东同志论教育工作》，人民教育出版社1958年版，第8页。

时，大多提到了“爱国”“国家至上”“理想”“责任”等关键词，反映了国家和社会对大学生的首要期待目标，体现了社会价值和信念要素。大学生群体承载着国家、民族的富强使命和精神追求，要自觉将社会主义核心价值观作为基准，身体力行忠于国家、奉献社会，在实践中实现个人价值和自身成长。

大学生价值观的凝练在实现社会化角色的同时，还要充分关照大学生群体自身的利益诉求和个性特征，扮演好个体化角色。马克思曾指出，人们奋斗所争取的一切都与他们的利益有关。如果所凝练的大学生价值观仅仅是社会主义核心价值观内容的同义、重复性地释义，就丧失了凝练的意义，对大学生而言将毫无认同感和吸引力。大学生群体具有相似的文化背景和成长经历，同质性较高，在学业发展、兴趣培养、职业选择、人格塑造等方面会遇到相似的问题与困惑，需要一种精神力量作为支撑。在凝练大学生价值观的过程中，必须注重有效性和可接纳性，才能真正发挥价值观的引领作用。因此，大学生价值观的凝练必须在源于现实的基础上，展现这一特定群体的精神风貌、角色特征，兼顾大学生的觉悟水平和利益诉求，以创新的表述方式来打造全新的文化代码，体现内容的真实性、丰富性和情感性，让大学生能够依据核心价值观的要求，在实现社会价值的同时实现自我价值，又可以通过这类价值观共识的达成来促进整个社会价值体系的形成和稳固。

三、处理三组关系：理想与现实、一般与个别、他律与自律

凝练大学生价值观是一项复杂、系统的工程，需要充分考虑与其相关的、延伸出的各个要素之间的关系，分清它们的地位、权重，发挥相互的作用、功能。在此基础上，凝练的大学生价值观的内容才能被群体主动接纳、自觉践行，充分发挥精神引领的作用。

（一）理想与现实的关系

理想是指“对未来事物的想象或希望”。[①] 它产生于社会现实之中，特别是在不满足现状时追求的价值目标，是始终需要经过努力才能靠近的目标，体现了主观能动性。理想是有高度、有指向、有力量的，是人们价值自我实现的精神支柱。在凝练大学生价值观的过程中，需要体现理想的境界和层次，特别是以政治价值观来指引和激励大学生不懈奋斗。现实是理想形成的实践基础。马

---

① 中国社会科学院语言研究所词典编辑室编：《现代汉语词典》，商务印书馆2016年版，第800页。

克思指出："人的思维是否具有客观的真理性，这不是一个理论问题，而是一个实践的问题。人应该在实践中证明自己思维的真理性，即自己思维的现实性和力量，自己思维的狭隘性。"①闭门造车形成的空洞说辞是没有生命力的。在凝练价值观时，必须从大学生的实际出发，通过广泛的调研和访谈，了解群体特征和信仰现状，用大学生自己的语言来形成表述，更易于解决实际问题，指引成长方向。从两者的关系来看，理想与现实是矛盾统一的，理想是未来的、完美的，现实是当下的、缺憾的，是两条永不重合的价值标线。同时，理想与实现又是统一的，理想是从现实中升华和凝结而来的，现实则是理想的根基和来源，要同等关照，从朴素的情感上升到深刻认知。

（二）一般与个别的关系

这里所指的一般与个别的关系有三层含义：首先，社会主义核心价值观提出了"24 字"的具体内容，特别是对于公民层面提到了"爱国、敬业、诚信、友善"。习近平总书记也指出，大学生应将"勤学、修德、明辨、笃实"作为自身践行社会主义核心价值观的具体准则，这与将要凝练的大学生价值观的内容的关系是一般与个别的关系。在公民层面，社会主义核心价值观所倡导的基本要求是一般的、泛化的、统领的，而针对大学生群体提炼价值观应具有优秀公民的特质，是特殊的、聚焦的、随从的，在保留核心内涵如"爱国"等价值观的同时，要体现大学生这一优秀青年群体的德性修养、文化水平、综合素质和创新意识等。在此基础上，以更加现实的手段、更贴近大学生所需，概括出具体化、生动化、操作性强的大学生价值观。其次，在凝练价值观的过程中，可以尝试以一个核心的词汇来表达最具说服力和代表性的价值追求，形成一般的价值基准，在此基础上延伸出若干解释性的价值观，更能体现大学生价值观的多样性、包容性，并将其划分为不同的价值层次，体现这些价值观与自身、与他人、与自然、与社会的关系，即在价值观这一相同的维度上，仍然可以区分出一般价值取向和个别价值取向。最后，大学生价值观的凝练应该代表大多数学生的成长需要，同时还要兼顾不同个体的实际，既要导向群体意识，又要关照个体意识，达成共识，凝聚合力。

（三）他律与自律的关系

价值观凝练的方式不外乎有两种，一种是自上而下，一种是自下而上。自

① 《马克思恩格斯选集》第 1 卷，人民出版社 1995 年版，第 55 页。

上而下的方式是指政府经研究制定的国家层面的政策指令，自下而上则是从群众自身出发，直接体现民众的思想和实际。这两种提出方式在一定程度上反映了他律和自律的关系。对大学生价值观的凝练应反映国家意志，传递社会责任要求，用广泛认可的现代公民要求来规范大学生行为，维持价值体系的良好秩序。马克思主义的社会历史观和价值观认为，有价值的理想只有在指明了一定社会群体的共同愿望、共同利益时才能成为自觉为之奋斗的理想。大学生价值观的凝练应该采取自下而上的方式，从大学生自身的实际感受出发，反映自我利益的认同，用他们的语言来进行描述和演绎。他律是必然，自律是关键，应双管齐下，将大学生价值观真正转化为代表群体特征并在实践中发挥巨大作用的精神力量。

四、体现四个特性：共融性、承启性、创新性、前瞻性

对大学生价值观的凝练要关照价值观的一般特性，也要在多元文化冲突的大环境中具体把握，充分挖掘其特指，从“说教式”转变为“自发式”，寻找共鸣点，体现价值观教育在大学生主体应用的多维张力，主要有以下方面：

第一，价值的共融性。大学生群体正处于思想活跃、张扬个性、标新立异的时期，具有鲜明的个性特征和思维方式，思想意识较为独立，不喜欢盲目从众和教条的束缚。我们所探讨建立的大学生价值观应该对广大的青年群体同时具有情感召唤的作用，充分尊重大学生群体的多样性和差异性，并考虑大学生的接受程度，贴近群体利益诉求。大学生价值观的凝练体现的不仅是三千万在校大学生的意识形态，也不仅是在校期间阶段性的影响，还要对世界青年起到文化标示作用，这样的价值观才是有意义、有持久力量的。

第二，价值的承启性。回顾历史，青年学生总是肩负着国家兴亡、民族振兴的重任，突显了爱国主义精神和勇于担当的使命感。中华文明几千年传递的价值信念，儒家思想的和谐精神，传统文化的品格都是大学生价值观可以汲取的精神财富，需要结合时代特征加以发扬重现。同时，价值观不是封闭的、静止的，而是具有鲜明的开放性和时代性，要随着社会的发展和变迁及时调整。要根据大学生群体的不同特点灵活变动，保持价值的增长性和延伸度，提取民族文化的营养和基因，传承优秀的历史品格，发挥价值的传承作用。

第三，价值的创新性。创新不仅是十八大报告中出现的高频词汇，更是在政策和实践中着手实施驱动发展的战略。在这样的时代背景下，不仅需要提高

自主创新能力，推动科技创新，更应该在创新的核心要素——思维创新上下工夫，加强创新思维方式的转向和突破，形成大众创业、万众创新的创新文化和环境氛围，把握好创新文化最核心的要素：价值观念的革新。创新寓于价值之中，价值在创新中持久起效，两者浑然一体。大学生群体本身就是思维敏捷、善于开创未来的群体，代表了时代的步伐，具有强烈的首创精神，创新意识突出，特别是在以信息化为标签的当今社会，更要以改革创新为主动力，从意识形态层面开始，体现价值观内容的创新、方式的创新、手段的创新。

第四，价值的前瞻性。事物的存在感在其发展过程中得以体现，而价值的前瞻性主要体现了文化的自觉性、自信性和和自强性等特点。大学生价值观在凝练过程中要源于现实，也要高于现实，是可以实现的价值目标，又是要不断追逐的价值目标，既体现实然性的元素，又具备应然性的尺度。对于大学生价值观而言，也应该体现价值的主导性、前瞻性，在实践中不断发展，追求卓越，并随着时代发展不断丰富其内涵。

第三节　凝练依据：以文化资源的探究为着力点

现代社会，个体利益的合理性与合法性得到了广泛的认可和尊重，对大学生价值观进行凝练，更应该广泛吸收优秀的文化资源，从人性的角度出发，不能主观地灌输单一主导的价值观。本研究尝试以实践活动为构建基石，以中华优秀传统文化为宝贵资源，探索科学有效的技术路径，通过对中央政策文件、国内外高校校训及育人办学理念和学术研究成果等一系列文化资源的梳理，突出价值的文化内涵特征，创新表达方式，细致严谨，力求科学、全面，将大学生价值观真正内化成为大学生自身主动诉求的精神旗帜。

一、实践活动是大学生价值观建构的基石

马克思说："全部社会生活在本质上是实践的。凡是把理论引向神秘主义的神秘东西，都能在人的实践中以及对这个实践的理解中得到合理的解决。"①马克思主义哲学是以实践性为主要特征的，实践性在社会关系中具有根本性和决定性作用。以马克思主义的实践观来看，是实践这一把钥匙打开了人类社会

① 《马克思恩格斯选集》第1卷，人民出版社1995年版，第56页。

历史的大门，它不仅仅作用于物质生产生活，还作用于精神生产生活。哲学层面的价值概念可以理解为人的需要与事物所具备的属性之间的满足关系，价值观是对这种关系的根本看法的总态度。价值观并不是凭空产生的，应该从最基本的人类生产活动的实践中找寻答案。马克思主义的实践观和价值观是统一的，两者的出发点都是源于人的需要，主体都是人民群众，生产实践决定并制约着价值观的生成和发展。在诸多生产实践中，文化实践从内涵、特征、形式等方面都具备了物质实践的基本蕴意，是产生价值观的直接源泉。“文化实践将价值观作为直接的认识和改造对象，并通过在精神领域内不同要素的交互作用与相互影响来实践价值观的整合、分化与发展。”[①]

唯物史观强调，社会存在决定社会意识，以人民群众为主体的实践活动推动并决定着社会主义核心价值观的生成与发展。大学生价值观作为社会主义核心价值观的有机组成部分，自然也以实践性作为产生的基石，大学生价值观的塑造和形成纵然要在高校文化生态环境中浸染、碰撞、熏陶和提升，更重要的是在文化实践活动中改造与社会主义核心价值观相悖的观念，确立社会主义意识形态的领导地位，提升社会主义核心价值观的正面影响力量，对个人行为规范、道德准则遵从提出更加明确和严格的要求。因此，实践活动，特别是文化实践活动是大学生价值观产生的基石，具有决定性作用，只有通过实践的路径，才能真正实现大学生价值观由“文本价值”转向为“实践价值”，真正发挥价值引导的现实功能。

二、传统文化是大学生价值观凝练的宝贵资源

传统文化是在长期历史发展过程中，在人们改造世界的实践中，积淀形成的宝贵精神财富和文明成果，它不仅是一个民族独有的标志，更是一个民族与国家存在与发展的根基。对于中华传统文化的构成，比较有代表性的观点是“三教合一”，即孔子创立的儒家思想、本土的道教思想和外传佛教思想，泛指各种文化思想、观念形态的总和。在本研究中谈到的“中华优秀传统文化”主要是指以儒家文化、道家文化为主体的文化融通体系，是一种伦理型的文化形态，如《道德经·第八章》中的“居善地，心善渊，与善仁，言善信，正善治，事善能，动善

① 张毅萍：《社会主义核心价值观体系价值生成的源泉：实践视角的一种解读》，《人力资源管理》2010年第2期。

时”等。古圣先贤的智慧和境界对后人道德修养的提升、处事方法和心态的养成影响深远，中华传统文化博大精深，它铸就了中华民族的品格和旺盛的生命力。它与和谐社会理念相契，与时代脉搏相合，与人生价值和意义相容，既是一种精神，又包涵了无穷的智慧。中华传统文化论及的主要内容主要是讲如何做人的文化，体现的是人性价值的内涵、层次和标准等问题，像《三字经》《千字文》《弟子规》《全唐诗》《二十四史》等传统文化读本，不仅谈到了自我行为规范，更注重与他人、与社会、与自然的关系，如孔子的“义以为上”、墨子主张的“国家百姓人民之利”等，这些丰厚的精神伦理论述是如何处理个人同他者关系的金玉良言和道德准绳。

中华传统文化所具有的超越时代的强大穿透力和生命力构成了人的价值底色，形成了中国人特有的价值心理，也自然成了大学生价值观凝练的宝贵文化资源，涵养并提升了大学生价值观的内涵。对大学生价值观的凝练，必须尊重、借鉴和传承优秀的中华传统文化，用传统文化的精神瑰宝规约大学生价值观的取向，用丰富的智慧内容涵养大学生价值观的精神品格，增强传统文化的社会认同，用传统文化具有的经久不衰的生命力来支撑现代的价值观体系。

三、凝练大学生价值观的技术路径

本研究从上述几方面入手，对大学生价值观内涵的提炼进行了资料搜集整理，为后续研究奠定了基础。

（一）中央政策文件的指引

本研究深入分析了改革开放以来中央有关政策文件的精神和相关提法，深入探究分析了形成社会主义核心价值观的背景与意义，对大学生价值观的凝练、变迁和构建具有指导意义。

早在党的十一届四中全会上，叶剑英就首次提出了“社会主义精神文明”的科学概念，这是中国构建社会主义价值观的开端。1992 年的十四大报告在论述社会主义精神文明建设问题时，从加强精神文明建设的角度强调了文化建设的重要作用，提出要“积极推进文化体制改革，完善文化事业的有关经济政策”[①]。这表明，随着改革开放的深入，国家对于精神文明建设的认识逐渐完善，社会主

① 江泽民:《加快改革开放和现代化建设步伐夺取有中国特色社会主义事业的更大胜利——在中国共产党第十四次全国代表大会上的报告》，1992 年 10 月 12 日《人民日报》。

义价值观在实践中逐步形成。而在社会主义价值观的构建历程中,具有里程碑意义的是2006年3月中国共产党提出的"八荣八耻"社会主义荣辱观。这是对社会主义思想道德建设认识的进一步深化,指明了社会主义思想道德建设的正确方向。[①] 同时,"八荣八耻"也是对社会主义价值观卓有成效的凝练。而"社会主义核心价值观"这一概念首次正式出现是在2006年10月。党的十六届六中全会首次提及建设社会主义核心价值体系这一重要命题,指出社会主义核心价值观应为社会主义核心价值体系的精髓和内核。此后,学术界对于社会主义核心价值观的研究成果逐渐丰富起来,不同行业开始凝练本行业内的核心价值观内容,许多学者尝试着对社会主义核心价值观内容进行概括、提炼。在党的十七届六中全会上,进一步明确了社会主义核心价值体系的地位,以"兴国之魂"的高度确定其在意识形态领域的主导地位。这一系列文件的颁发和实践的探索,为提炼社会主义核心价值观做了充分的理论铺垫,并提供了现实可能。党的十八大报告明确提出了"富强、民主、文明、和谐、自由、平等、公正、法治、爱国、敬业、诚信、友善"这24字核心价值观内容,这是对社会主义核心价值体系的高度概括和最佳解读,在价值观领域和实践过程中回答了"信什么,为何信,做什么,怎样做"的问题。

概括和领悟不同时期中央领导对青年和大学生提出的期望,对于凝练大学生价值观同样具有参考价值。早在1980年,邓小平同志就对全国青少年提出了"立志做有理想、有道德、有知识、有体力的人,立志为人民作贡献,为祖国作贡献,为人类作贡献"的要求。[②] "四有"观念的提出,概括了邓小平同志对社会主义新人必备素质的要求,同时也对树立青年价值观具有重要意义。随后,在1998年6月,江泽民在与共青团十四大部分代表座谈时,提出青年人一定要有崇高理想和坚定信念,一定要发奋学习,勇于创新。"创新"这一概念被引入大学生价值观当中,是改革开放之后我们思想价值的一大历史性跨越。2012年,在共青团成立90周年大会上,胡锦涛主席针对青年提出了五点希望:希望广大青年坚持远大理想,坚持刻苦学习,坚持艰苦奋斗,坚持开拓创新,坚持高尚品行。这既表明了大学生价值观的统一与稳定,又展现了价值观伴随时代延续而

---

① 杨业华:《"八荣八耻":社会主义思想道德建设的新境界》,《马克思主义研究》2006年第11期。

② 教育部、中共中央文献研究室编:《毛泽东邓小平江泽民论教育》,中央文献出版社、人民教育出版社、北京师范大学出版社2002年版,第160页。

有的革新与升华。2013年“五四”主题团日活动座谈会上，习近平总书记对青年提出了五点希望：希望广大青年一定要坚定理想信念，一定要练就过硬本领、一定要勇于创新创造，一定要矢志艰苦奋斗，一定要锤炼高尚品格。2014年5月4日青年节当天，习近平总书记考察了北京大学，在师生座谈会的讲话中着重论述了社会主义核心价值观对青年的重要意义，针对青年树立和培育社会主义核心价值观提出了四点希望：一是要勤学，下得苦功夫，求得真学问；二是要修德，加强道德修养，注重道德实践；三是要明辨，善于明辨是非，善于决断选择；四是要笃实，扎扎实实干事，踏踏实实做人。习总书记对于青年的几点希望对凝练新时期大学生价值观具有导向作用。概括来讲，理想、道德、知识、创新、艰苦奋斗、高尚品格不仅是历代党和国家领导人对于中国青年的殷切期盼，更向我们展现了大学生价值观在不同时期的建构与变迁。

党的十九大报告中指出：“青年兴则国家兴，青年强则国家强……广大青年要坚定理想信念，志存高远，脚踏实地，勇做时代的弄潮儿，在实现中国梦的生动实践中放飞青春梦想，在为人民利益的不懈奋斗中书写人生华章！”①

（二）国内外高校校训的启迪

校训系学校办学理念的高度凝练与概括，深刻表明了一所学校的办学宗旨与原则是一所学校对全校师生所提出的期望与要求。《辞海》解释校训的含义为：“学校为了进行道德教育的方便，选择若干符合本校办学宗旨的醒目词语，作为学校全体人员的奋斗目标。”②校训因大学的类别和最初的办学宗旨的不同而不同，但它们都是办学者对大学生提出的期望。校训反映的是一所大学独有的气质品格，对师生的精神引领和行为规约、形成高校校园文化、塑造价值观等都具有导向作用，也会成为影响社会价值观取向和形成的关键因素。研究和把握校训的功能和内涵，对于凝练大学生价值观具有重要意义。

从中国大学校训的特点来看，第一，不少大学的校训深受其设立时代、社会背景和教育人才的使命的影响，如北京大学的校训“爱国、进步、民主、科学”，正是反映了20世纪初中国被列强欺凌、渴求知识和进步的时代特征。又如北京师范大学的校训“学为人师，行为世范”，反映了该大学办学为培养教师人才的

① 《权威发布：十九大报告全文》，2018年3月13日，http://sh.people.com.cn/n2/2018/0313/c134768-31338145.html.

② 夏征农、陈至立主编：《辞海》，上海辞书出版社2009年版，第2524页。

使命。第二，大学校训常常是学校创始人或第一批教师对于学生期许的体现。例如1914年著名学者梁启超在清华大学作了题为《君子》的演讲，以“自强不息，厚德载物”勉励学生，后演变为清华大学的校训。再如1934年在南开大学校庆30周年纪念会上，时任校长张伯苓先生提出要将“允公允能，日新月异”作为南开精神。第三，中国大学校训常寄托着领导人对于其特定时代大学生的期许。例如孙中山在广东大学（现中山大学）建立时提出了“博学、审问、慎思、明辨、笃行”作为校训，鼓励学生奋发向上。又如朱镕基总理在2001年视察国家会计学院时提出的“不做假账”的校训，既别具一格，又体现了党和国家领导人对于会计从业人员培养的期许。

对国内100所高校的校训进行统计得出：36所大学的校训采用4个关键词组合的形式，例如北京大学校训“爱国、进步、民主、科学”；23所大学采用两个四字词语作为校训，如清华大学的校训“自强不息，厚德载物”，山东大学的校训“气有浩然，学无止境”；另有12所大学仅用一个四字词语来概括校训，如中国人民大学的校训“实事求是”，暨南大学的校训“忠信笃敬”。此外，还有5所大学直接或间接引用古文作为校训，如华东理工大学的校训“大学之道，在明明德，在新民，在止于至善”；其余高校则采用其他不同的方式来彰显学校的精神和特色。

从单个词语的出现频率上来看：“创新”共有26次，“求实”共有19次，“博学”共有16次，“勤奋”共有14次，“团结”共有14次，“笃行”共有11次，“求是”共有9次，“厚德”共有9次，“实事求是”共有8次，“严谨”共有7次，“明德”共有7次，“自强”共有6次，“爱国”共有5次，“济世”共有5次。

从相近词义的规整结果来看，以“求实”为代表词的强调学生应当脚踏实地的词语共出现32次；以“创新”为代表词的强调学生应当树立自主创新意识的词语共出现28次；以“博学”为代表词的强调学生在校应以学为本的词语共出现26次；以“求是”为代表的强调学生应当积极探索真理的词语共出现23次；以“勤奋”为代表的强调学生应当勤勉学习的词语共出现22次；以“厚德”为代表的强调学生应当培养德行的词语共出现20次；以“笃行”为代表的强调学生应当知行合一的词语共出现15次；以“爱国”为核心的强调学生应当学以报国的词语共出现9次。

国外高校校训与国内高校有着较大的差异。通过对30所著名高校的校训进行统计分析可以看出，国外高校的校训多为一句话的形式，其内容多为对学术真理的描述或办学特色的简介，如华盛顿大学的校训“力量借助于真理”(Strength through Truth)，艾莫利大学的校训“聪明的人心得知识”(The prudent heart will possess knowledge)。

对国外高校校训的关键词进行统计得出：“真理”共有8次，“知识”共有7次，“科学”共有3次，“光明”共有3次。通过对相近词义分析得出：以“知识”为核心词的激励学生学习科学文化的词语共出现了13次，以“真理”为核心词的鼓励学生探求真理的词语共出现了10次，以“理想”为核心词的鼓励学生树立目标的词语共出现了7次。

通过对比可以看出，国内大学的校训所使用的词语多为动词或动词组合，强调学生在行动上能够践行核心价值观，从而实现人生理想，如“创新”“笃行”等。而国外大学的校训多使用名词，即为学生设立求学的终极目标，希望学生充分发挥自己的主观能动性，寻找自己的方式去实现目标，如“真理”“光明”等。从另外一个方面来看，国内大学的校训又普遍包含了“经世济民”“学以致用”的思想，如清华大学的校训“自强不息，厚德载物”。而国外大学的校训往往强调自身的充实与收获，如剑桥大学的校训“求知学习的理想之地”(Here light and sacred draughts)。又如康奈尔大学的校训“让任何人都能在这里学到想学的科目”(I would found an institution where any person can find instruction in any study)。

综合来看，国内大学的校训所包含的价值观是先追求内心的修行，再对社会国家等做出贡献、有所影响。而国外大学的校训所包含的价值观是学习真理，追求知识，再获得自身的满足感和心灵的安宁。中国大学校训规划的人生路径是一个由内而外的过程，落脚点在“外”；国外大学校训所描画的人生路径是由外而内的过程，落脚点在“内”。这种不同与中西方传统文化的差异性密不可分。中国传统文化中的儒家学说为读书人规划的人生是“修身、齐家、治国、平天下”。中国传统知识分子的灵魂深处总藏着一颗“为国家”“为天下”的抱负和理想。这种思想延续千年，渗透到民族文化里，渗透到中国人的精神世界里，也渗透到中国大学的校训中，因此理应成为中国大学生价值观重要的组成部分。而西方人的精神世界强调人文关怀。西方文化重视人内心的情感诉求，关注更加质朴的人性本源。此外，宗教在人的精神世界中扮演了重要的角色，西方人把宗教赋予人的精神寄托延伸到社会生活的各个方面，包括大学校训和学生的价值观。

(三)已有文献和各行业价值观的参考

查阅和学习已有研究文献,是提炼和构建大学生价值观的有效方法。权威文献不仅能够提供一定的研究经验,同时也能够提供发散和创新的基础,使后期研究更加丰富、科学且凝练。国外学者对于价值观的研究早于国内,因而相对成熟、多样化。而随着我国改革开放节奏的平稳深入以及价值观概念的逐级引入,国内学者的研究也具备了很高的探索价值且更加符合我国高等教育的实际。在宏观方面,上溯至孔孟时期,重义轻利的价值取向就已经成为后人价值观形成的框架,并作为华夏民族精神中非常重要的基石代代相传。20 世纪 80 年代后,新时代价值观的成型与发展为众学者的深入研究提供了新的契机。

黄希庭等学者在《当代中国青年价值观与教育》一书中利用罗克奇(Rokeach)的价值观量表对我国各地青少年进行了价值观研究,较好地体现了国外价值观思想与国内教育相结合的重要性和便利性。[①] 戴连荣则在《大学生态:文化人格共生和建构》一文中用文化生态的观点和方法,较为全面地梳理了大学生态存在的问题和建构大学生态的框架理路。[②] 在《论建构主义视域下大学生价值观的构建》一文中,作者韦滢、李开学等则通过研究不同价值取向与价值观的冲突,细致、全面地分析了如何在此框架下对当代青年进行合理的价值观培养教育,具有很强的实践意义和参考价值。[③] 才华、董兴杰、梁瑞敏的《文化生态视域下我国当代大学生价值观的整合》则特别指出:"大学生价值观是大学生在实践过程中形成的对客体价值的认识、态度和观点,是个体在适应外部环境和满足自身需要的过程中进行不断思考、提炼、整合与选择的结果。作为社会价值观系统的重要组成部分,大学生群体的价值观系统具有自身的'结构与功能'。"[④]

大学生价值观作为大学文化极为重要的组成部分,是一种精神和灵魂层面的素质培育。虽不同于其他具体的科学技能,但树立良好的价值观无疑十分有助于渲染良好的大学文化氛围。而如何构建当代大学生社会主义价值观则是

---

① 参见黄希庭、张进辅、李红等:《当代中国青年价值观与教育》,四川教育出版社 1994 年版,第 54～354 页。

② 参见戴联荣:《大学生态:文化人格共生和建构》,南京师范大学博士学位论文,2005 年。

③ 参见韦滢、李开学、袁尚伟:《论建构主义视阈下大学生核心价值观的构建》,《贵州大学学报》(社会科学版)2011 年第 2 期。

④ 才华、董兴杰、梁瑞敏:《文化生态视域下我国当代大学生价值观的整合》,《河北师范大学学报》(教育科学版)2011 年第 12 期。

一项需长期探索的课题。刘峥在《大学生认同与践行社会主义核心价值观研究》中提出"认同"和"践行"的关键词,在找准大学生认同核心价值观的理论依据的基础上,促进大学生思想政治教育工作的创新发展,并提供清晰的思路、途径、切入点和切实可行的方法体系,有很大的创新意义。①

各界学者对于大学生价值观具体内涵的精确定义,因研究领域多样而异。黄莹莹认为价值观应包括爱国、理想、责任、创新四个方面,并应坚持德与智、知与行、义与利统一的构建原则,通过引导、接受、协调等途径加以实施。② 杨志臣等人认为大学生价值观的基本内涵包括坚定信仰、学以报国、崇尚真理、明荣知辱等四方面。大学生价值观基本内涵的提出为大学生价值观教育的进一步研究奠定了概念基础。③ 马志宇在《构建当代大学生价值观的思考》一文中写道,2009 年在云南大学召开的云南省高校社会主义核心价值体系建设座谈会上,明确提出了构建"爱党爱国,立身做人;勤学善思,立志成才;历练本领,立业为民"的大学生价值观,在全国引起了广泛重视。④ 赵爱玲则认为当代大学生应大力培育"勤于学业、志存高远、知荣明耻、爱国创新、勇担责任、心怀感恩"的核心价值观。⑤ 温砚雅结合"中国梦"这一理念,认为大学生作为践行中国梦的生力军,应加强思想教育,树立爱国、敬业、诚信、友爱的核心价值观。⑥ 吉喆等学者则提出大学阶段是价值观形成的关键时期,应构建以"爱党爱国,民主科学,崇尚荣誉,文明道德,公平正义"为核心的当代大学生价值观,把当代大学生培养成中国特色社会主义事业的合格建设者和可靠接班人,这是社会主义事业兴旺发达的重要保证,也是构建和谐、繁荣和先进的高校校园文化环境的现实需要。⑦ 杨向荣等认为科学、公平、理想、善学可算是当代大学生群体最基本、最核心的价值追求,是社会主义核心价值观在当代大学生群体中的个性表达。⑧ 孙建青等学者认为,引导大学生树立正确的核心价值观是高校思想政治教育的关键工作,以"爱国爱党,志向高远,自强自立,重德守信,追真求善,实践创新"为主要

---

① 参见刘峥:《大学生认同与践行社会主义核心价值观研究》,中南大学博士学位论文,2012 年。

② 参见黄莹莹:《论当代大学生核心价值观的构建》,《教育与现代化》2009 年第 2 期。

③ 参见杨志臣、卢春迎:《大学生核心价值观的基本内涵浅析》,《中国科教创新导刊》2011 年第 7 期。

④ 参见马志宇:《构建当代核心大学生价值观的思考》,《社会主义论坛》2011 年第 10 期。

⑤ 参见赵爱玲:《当代大学生核心价值观凝练与培育》,《工业和信息化教育》2013 年第 4 期。

⑥ 参见温砚雅:《大学生核心价值观的树立与中国梦的实现》,《高校论坛》2014 年第 5 期。

⑦ 参见吉喆、谢春虎、钟京凤:《当代大学生核心价值观论析》,《思想教育研究》2012 年第 7 期。

⑧ 参见杨向荣、薛诚:《当代大学生核心价值观研究》,《学校党建与思想教育》2014 年第 4 期。

内容的科学内涵可以作为当代大学生价值观培育的重要依据。①

社会各行各业分工不同,因而会在行业内部产生彼此不同的价值观。但这些价值观无不体现了时代的特征和社会的需求,因而对分析当代大学生价值观也具有一定的参考价值。

胡锦涛主席曾于2008年12月在军队的一次重要会议上提出,当代革命军人的核心价值观是“忠诚于党、热爱人民、报效国家、献身使命、崇尚荣誉”,成为新时期军人的思想行为准则。李春劳更是在《从职业价值看律师的核心价值观——简析做一名优秀的中国特色社会主义法律工作者》一文中提出律师行业的核心价值观是“忠诚、为民、公正、廉洁”,对律师的行为准则提出了精神层面的要求。② 徐新军则这《水利行业核心价值观与中华水文化的精神传承》一文中总结出水利行业的核心价值观是“除害兴利、造福民生、人水和谐、确保安全”,这一价值观充分体现了水利行业的工作使命。③ 在服务业、信息行业和旅游行业方面,也分别提出了自己的核心价值观。中国信息产业网于2013年6月发布的通信行业核心价值观为“诚信服务、竞合共赢,开放创新、网连未来”,国家旅游局也在2013年10月确立了旅游行业的核心价值观应当是“游客为本,服务至诚”。由此可见,各行业的价值观均体现了该行业的工作性质、社会责任和历史使命。

第四节 凝练内容:以文化理念的贯穿为落脚点

文化理念是人们在同一文化环境生存、发展的过程中,对自然、社会以及人本身持有的基本一致的态度和信念,这种释义接近于我们所说的价值取向的一致性。文化理念的统整容易在小环境范围内实现,在某一特定的文化环境内,人们的生存现状、生活习惯、价值追求都有着相似性,容易形成一致的文化认同感。而在这样的文化环境基础上产生的价值理念,很容易适应环境的变化,促动主体的发展。对大学生群体的价值观内容进行凝练,一定要聚焦在高校文化

① 参见孙建青、周向军:《当代大学生核心价值观的科学构建》,《思想理论教育导刊》2014年第3期。

② 参见李春劳:《从职业价值看律师的核心价值观——简析做一名优秀的中国特色社会主义法律工作者》,《中国司法》2012年第5期。

③ 参见徐新军:《水利行业核心价值观与中华水文化的精神传承》,《黄河水利职业技术学院学报》2013年第3期。

系统内部，以一以贯之的文化理念为引线，用文化改变人的观念，用文化塑造人的品格，用文化引领人的发展。

大学生价值观内容的具体指向是什么？怎样对其凝练才更加科学、全面、规范，才能够得到大学生群体的认可，并乐于践行？这些问题指引了本研究的方向，也是研究的重点和难点。在已有的研究成果中，很多学者都进行了自己的表述，多数都是以内容分列式或者功能分列式呈现的，比较有代表性和认可度的如“爱党爱国，立身做人；勤学善思，立志成才；历练本领，立业为民”等，这一类由几个并列短语组成的表述方式，出现频率较高，辨识度较低，略显沉闷老调，难以引起大学生的共识和关注。因此，本研究借鉴复旦大学国际关系与公共事务学院邱柏生教授的研究分析，尝试在实证分析和文献整理的基础上，以集束式方式对大学生价值观内容进行凝练，即找到最核心、统领性的核心概念，作为决定性的价值或关键词，再进行进一步的提炼，找到几个相关从属性的价值观词汇。就如亚里士多德提出的十大范畴中的核心是“实体”，其他如“数量、性质、关系、地点、时间、姿态、状况、活动、遭受”都是围绕实体并说明实体。[①] 本研究对于价值观内容的凝练坚持实然与应然的统一，通过上述凝练依据的整理分析，对政策文件、文献资料、国内外高校校训进行进一步的梳理，结合第三章“当前大学生价值观现状调查”的结果，提炼出以“责任”为统领性价值观，以“爱国、厚德、勤学、创新、求实、笃行”为从属性价值观的大学生价值观，形成一个有主次、有结构、有功能的价值观体系。

一、统领性价值观释义

责任作为大学生价值观的统领性概念，它的提出可以从学理角度、现实角度和来源角度进行分析。

（一）从学理角度阐释责任内涵

关于责任的内涵，《汉语大辞典》中指出：责任有三层含义：一指使人担当起某种职务和职责；二是做分内应做的事；三是做不好分内应做的事，因而应该承担的过失。[②] 康德指出：“责任就是服从客观普遍原则的行为必然性。”[③]马克思

① 参见邱柏生：《大学生核心价值观凝练的方法论思考》，《思想理论教育》（综合版）2012 年第 6 期。

② 参见罗竹风主编：《汉语大词典》第 10 卷，上海辞书出版社 2011 年版，第 91 页。

③ ［德］康德：《道德形而上学原理》，苗力田译，上海人民出版社 1986 年版，第 11 页。

和恩格斯也曾论述过责任,他们认为:“作为确定的人,现实的人,你就有规定,就有使命,就有任务,至于你是否意识到这一点,那都是无所谓的。”[①]程东峰曾在他的《责任论》中指出:“责任是行为主体在特定社会关系中对特定任务的自由确认和自觉服从。”[②]张孝宜对责任的定义如下:“责任意识是人所特有的对于责任的主观映像和判断。它是人的自我意识最基本、最内在的层次,是人们在社会生活中通过与他人、群体和社会的接触,明确社会规范和社会价值标准,认清自己在社会中的地位和责任而形成的。”[③]联系以上学科方向和角度对于责任的定义,从责任的形成层面来看,责任是主观性与客观性的统一,是内在规范性和外在约束性的统一,在内化和外显交替的作用中不断强化;从内容层面来看,责任既包括个体对自身的约束,也包含个人对家庭、社会和国家的责任;从责任的功能来看,责任是个人实现自身价值和社会价值的必要途径。

(二)从现实角度阐释责任内涵

1. 大学生对自身的责任

修身是个体自觉担当责任的重要体现。目前,在大学生群体中,普遍存在认识自我不足的现象,大学生对自身的责任应该内化成“自立、自爱、自为、自超、自重、自强”等具体化的标准,应努力实现自身价值的提升,并敢于对自己的行为负责。

2. 大学生对家庭的责任

马克思主义伦理学认为,爱情与义务的统一是婚姻和家庭的基础,人们对家庭的道德责任应是家庭美德的重要规范。[④] 家庭是社会的细胞,是社会的基本构成单位,个体对家庭负责是构建社会主义和谐社会的基础性的一步。对于大学生群体而言,大学阶段是其在家庭关系中由单一的子女角色向其他角色转变和过渡的重要阶段,对家庭负责是通过承担好自己在家庭中的角色并树立正确的婚恋观、家庭观来体现的。家庭责任主要是其对于家庭成员的抚养、赡养和情感慰藉。当代大学生存在对自身家庭责任认识不足的现状。如对父母感恩和理解不够,部分学生奉行享乐主义,家庭消费观念不正确,对父母的情感依赖过重但与父母的情感维系严重不足等情况较为普遍。部分高校倡议开展家

---

① 《马克思恩格斯全集》第3卷,人民出版社1960年版,第329页。

② 程东峰:《责任伦理导论》,人民出版社2010年版,第27页。

③ 张孝宜:《人生观通论》,高等教育出版社2001年版,第131页。

④ 参见甘葆露:《马克思主义伦理学》,北京师范大学出版社1986年版,第218～228页。

庭角色体验类的社会实践活动，让学生在从事家务劳动和与父母交流沟通的过程中，逐渐树立正确的家庭观念，承担家庭责任，孝敬父母，走出过分关注自我的小世界，迈向奉献社会的大舞台。

3. 大学生对他人的责任

个人是否履行对他人的责任是和个人的幸福感联系到一起的。大学生对于他人的责任主要体现在与人相处的过程中所体现出的集体意识。目前，大学生在个人利益和集体利益产生冲突时做出的价值选择和与人相处中都凸显出了十分现实的问题。

4. 大学生对社会的责任

马克思主义伦理学认为，人们在一定的物质生活和社会存在条件下，在处理某些社会关系的过程中，不可避免地要面对和承担必要的责任与任务。在实践中完成基本任务，获得体验感知，就是履行了相应的社会责任和道义。从内涵来看，大学生的社会责任主要是指大学生群体为社会的和谐运行和良好发展所承担的职责。从层次上来讲，这一方面是指为社会发展贡献自己力量，是实现个人社会价值的重要途径；另一方面是对自己的行为负责。是个人道德层面的要求。“没有责任感的军官不是合格的军官，没有责任感的经理不是合格的经理，没有责任感的公民不是合格的公民。”①要求自身做合格的公民，就是个人社会责任的体现。大学生在校园中参与志愿服务和社会实践活动就是其担当社会责任的重要体现，是其从学生角色向社会角色转变的重要环节，也是其成长为优秀公民和高素质公民的重要途径。

5. 大学生对国家的责任

《礼记·儒行》中有“苟利国家，不求富贵”的说法。由此可见，爱国是中华民族的优良传统。通过系统的学校教育，大学生已经形成了较为完整、成熟的世界观，可以冷静、客观地看待并思考国家的发展变化。在经济全球化和社会信息化的全新时期，大学生的个人命运与国家命运紧密相连。在和平年代，大学生爱国不仅仅体现为积极捍卫祖国主权，更体现在其自身的日常表现中，如积极阅读报刊，了解和关心国家大事等。除此之外，树立正确的人生观和价值观也很重要，大学生应当努力成为复合型人才，并根据国家需要调整自己的就

---

① 《超值典藏书系》丛书编委会编著：《西点军校的经典法则大全集》，吉林出版集团有限公司2012年版，第6页。

业观念，将个人追求与国家需要结合起来，努力使自己成为国家建设的主力军。

（三）从来源角度阐释责任

对现实状况的调查研究对于理论研究至关重要。增强敏锐性和科学决策的正确都离不开调查研究。在第三章里，围绕大学生价值观进行的问卷调查中除了设置大量的客观选择题外，还设置了一道主观题，即“用一个词语或一句话形容当今大学生的价值观”，经过统计分析，可以得出如下结论：选择“责任”一词的人数为81，占比约为6.3%；选择“奋斗”一词的人数为62，占比约为4.8%；选择“诚信”和“进取”一词的人数分别为55和54，占比分别约为4.3%和4.2%。由于调查对象用词的多样性和复杂性，选用较少的词语不再逐一列出。

从调查结果中可以看出，大部分调查对象对当今大学生价值观的认知持乐观态度，所选词语多偏向积极健康类；调查对象对大学生价值观的认知维度主要集中于大学生学习、自我修养及肩负责任等方面。从数据来源可以看出，有相当数量的大学生认为大学生价值观的内涵中包含其对自身、家庭、社会和国家的责任。从这一层面来看，笔者提出的责任概念范畴符合当代大学生对大学生价值观的认知。

综上所述，从学理、现实和来源角度来看，责任是大学生必须具备的重要理论品质，是大学生价值观念概念范畴的核心构成。

二、从属性价值观释义

责任是大学生价值观的内核，是处于统领性地位的价值观概念，对大学生理想信念的形成和发展具有引领和导向的作用。以责任一词为核心，采用集束发散式的构建模型，可以得出其他若干关键词作为大学生价值观概念的补充与延伸。以“责任”一词为核心，其余以价值观概念为具体内涵的价值观构建模式，可以使大学生更乐于接受并形成记忆，从而更好地理解和践行核心价值观。

基于前文的研究，通过对大学生价值观凝练方式的分析，各种方式的分析和参照对比都能对本书价值观的形成起到启发的作用。国学经典的当今含义为价值观的凝练提供了参考。《大学》云：“大学之道，在明明德，在亲民，在止于至善。”可见“德”自古以来一直在社会的核心价值观中拥有较高的地位。对于当代大学生来说，将“厚德”作为自己价值追求的目标是必须继承的。近年来，党中央和国务院提出要建设创新型国家。大学生作为时代发展的先锋，应当将创新视为己任。参照各行业的核心价值观，军人“忠诚于党、热爱人民、报效国家、献身使命、崇尚荣誉”的核心价值观充分体现了爱国的重要性。爱国同样也是当代中国大学生应当具备的意识。特别具有参考价值的是国内外高校的校训。高校校训是社会主义核心价值观在高校大学生群体中最直接的体现，是社会核心价值观的具体化。2014 年 8 月 9 日，中央电视台开始在新闻联播栏目中播出“校训是什么”系列报道，介绍国内十所高校的校训及其背后的故事。这一节目的播出引起了广泛的反响，在弘扬经典校训的同时，也对大学生价值观的培养起到了引导的作用。基于上文的研究，本书总结出了校训中出现频次最高的十个词，即：“求实”“创新”“博学”“求是”“勤奋”“厚德”“笃行”“爱国”“严谨”“自强”。对相关词义进行整合和分析，可以将“爱国、厚德、勤学、创新、求实、笃行”作为核心词“责任”的延伸与具体化描述，作为责任的从属性价值观概念。

（一）爱国

明人顾炎武云：“国家兴亡，匹夫有责。”梁启超先生曾经谈到中国人拥有的四大缺点：爱国心之薄弱、独立性之柔弱、公共心之缺乏、自制力之欠缺。爱国是社会全体成员所拥有的共同责任，是责任意识在国家层面最集中的体现。而作为全体成员中的生力军，爱国是国家对当代大学生最基本的责任要求。胸怀祖国、心系社会、自觉履行对党和国家的责任和义务，是大学生义不容辞的责任。大学生的爱国是一种更朝气的爱国，是一种更激情的爱国。作为社会中最年轻的知识分子，大学生的爱国热情和祖国情怀很容易被点燃，也很容易作为最有冲击力的正能量影响到社会发展的进程。五四运动以来，大学生始终怀揣着爱国情怀，始终把国家的命运和自身的命运与发展结合在一起。虽然在经济全球化的今天，爱国主义受到个人主义和功利主义的一些影响和冲击，但在国家面对困难之时，在出现汶川地震等重大自然灾害之时，大学生总能挺身而出，奉献自我，帮助祖国和人民渡过难关。我们应当以此为契机，进一步巩固和发展爱国主义在大学生价值观中的地位，继续弘扬爱国主义精神，培养大学生的爱国责任意识。

（二）厚德

厚德是中华文化的优秀组成部分，古人有云：“地势坤，君子以厚德载物。”（《周易・坤卦》）“人有厚德，无问其小节。”（《淮南子・氾论训》）中国自古以来就是一个重德行的国家，而大学是当代培养人道德最重要的场所。与其他社会成员不同的是，大学生处在品行塑造期的高级阶段，既有继续被塑造的可能，同时又已经具备了独立的思想。因此,学会做人做事,重视品德修养,是这一阶段大学生最重要的任务之一。大学生重视德行,对其价值观的养成和未来人生道路的发展具有重要的意义。“厚德”体现的是大学生对于他人和社会的责任。作为时代先锋的大学生,有责任用厚德的思想与言行去影响社会的道德价值取向,为社会传递正能量。在与人的交往中,大学生必须要重视社会的道德标准,用合乎道德的方式与他人交往。厚德,要求大学生重视自己道德素质的培养,关注社会道德的要求,思考社会中的不道德行为。我国虽然物质生活水平在近三十年出现了直线上升的趋势,但社会精神建设的层面却仍然存在不少漏洞。而在大学教育中,学校不仅要重视学生科学文化素质的提高,更需要关注学生思想动态的变化,重视学生的德育教育,用道德这一自身规范而非他人约束的方式去营造更好的社会氛围。

(三)尚学

当今时代的竞争归根结底是人才的竞争,是科技的竞争。这就要求在当前的发展中重视学习型社会的建设。党的十八大提出建设学习型、服务型、创新型的马克思主义执政党,要求不断加强学习,在学习中成长。学习是学生的天职,是他们最重要的使命。在经典高校校训中出现频率最高的词汇大多与“学”相关,如“勤学”“博学”等。学习是当今时代和国家赋予大学生的主要责任,也是大学生履行其他义务的前提和基础。大学阶段的学习同以往阶段学习的要求和特点不同,更加突出主动性、自主性、专业性,不仅仅要求学会,更强调达到会学、爱学的高度,强调重视学习、崇尚学习、热爱学习,将学习视作一种追求、一种态度,内化为大学生自身成长需要的精神力量。在这样的语境下,“尚学”一词可以较好地体现大学生对学习的认知态度和价值理念。有了尚学的态度,诸如博学、实学、勤学、笃学之类的词语都可以看作是学习的具体行动方法和侧重。只有真正将学习摆在尊崇的位置,才有可能用勤奋刻苦的行动力和持之以恒的态度完成学业,进而拥有独立研究的能力和批判性思维。大学生秉持着尚学精神,明确学习动机,克服惰性,提升专注力,逐渐养成自主学习和终身学习的习惯,能够更好地为适应社会和应对挑战做好充分准备。

(四)创新

创新是大学生求学过程中所必备的素质,也是大学生在学业上义不容辞的责任。与全社会的创新不同,大学生创新更具有可行性和现实意义。作为尚处在知识学习和学术研究阶段的大学生,在日常学习中具备探索创新的条件。而大学生的创新也往往能够带来某个领域的变革，进而推动社会的进步。中国长期以来秉承应试教育的思想，往往忽略了创新的重要性。而进入新世纪，随着国际竞争的日趋白热化，创新往往在尖端竞争中扮演着越来越重要的角色。大学生具备创新思维和能力，同样也将国家发展和进步的责任扛在了自己的肩上。创新是面对新出现的情况、问题和现象时进行合理分析并提出解决方案。面对日新月异的当今社会，教育工作者应当着重培养大学生的创新意识和创新思维，从教育方法和教育内容上引导大学生养成良好的创新习惯。此外，大学生还应将创新应用于学习和生活中，将创新作为学习和研究的出发点和落脚点，将创新自觉地纳入自身的价值观体系，努力成为一个具有创造力的时代精英。

（五）求实

求实不仅是我党在发展中应当继续贯彻落实的思想路线，也是当代大学生在做人、做事、做学问中应当秉承的原则。如果说党和国家在政策路线中的求实是一种工作思路和方法，那么大学生在学习生活中的求实则是一种精神和态度。大学生求实的落脚点是“实”，而其关键是“求”。大学生尚处在求学的阶段，具备探索的机会和能力。求实在大学生的学习中强调治学的严谨与务实，要求大学生在学习的过程中坚持一丝不苟和实事求是的精神。而在做事上，同样要求大学生按照事物的客观规律办事，认真踏实地完成各项任务。当今社会，浮夸之风逐渐走入了大学生的学习生活，大学生在价值观上受到了务虚之风的一些冲击。但求实的精神是大学生在任何时代都不能摒弃的，也是大学生在当下所需要着重培养的。将求实纳入大学生的价值观，有利于大学生在经济全球化的今天仍然坚守老一辈留给这个时代的宝贵精神财富。

（六）励行

知不弃行，行不离思。将知识和思想转化为行动，是王阳明“知行合一”思想的精粹。“行”的释义有很多，表达的是经常、必然、自发落到实处的蕴意。清朝诗人陈田曾有“诚以惜时不如立名，慕德不如励行”（《明诗纪事甲签·周祚》）之言。“励行”一词强调的是一种自强不息、求实务本的砥砺精神，体现了价值观层面的要求。相对于一般公民而言，大学生更需要励行，也更缺乏励行。大学生长时间都在进行理论知识的学习，往往忽视了实践的重要性，低估了实践的难度。然而，要完成从学习者向未来社会责任人角色的转换，要求大学生懂得实践，学会实践，重视实践。励行是大学生将责任具体化落实的最基本方式。

大学生的责任不仅是对自己的责任，更有对家庭、社会和国家的责任，然而这些责任的实现无不要靠将所学所感付诸实践这一知行合一的方式来达成。在大学生人格培育的全过程中，实践是一以贯之的重要环节和落脚点，是人格完善的行为阶段，要将内省的价值观念通过实践途径外化出来。大学生要从根本上践行核心价值观，就要把理论与实践结合起来，在实践中思考和检验自己的所学。大学教育应当着重培养学生的动手能力和实践能力，使学生能将所学转化为所用，进而满足社会所需，更好地为社会服务。作为大学生，同样应当树立励行的意识，应当注重自己实践能力的培养，多参加能够锻炼自己实践能力的各项活动。通过实践发现自己所学当中存在的问题，从而更好地作用于所学，对日后的理论学习提供新的参考与指导。

对大学生价值观内容的凝练是研究的重点和难点，本书从大学生价值观凝练的背景分析入手，对凝练原则和凝练依据做了相关分析，得出大学生价值观内容归纳的必要性和可行性，最终引借集束式的表达方式，以规范性的表述，得出大学生价值观应以“责任”为统领性概念，将大学生价值观以往“小我”“自我”的追求放大，强化理想信念和价值追求的新高度，并以“爱国、厚德、勤学、创新、求实、笃行”为从属性概念，围绕“责任”做了充分的补充和延伸，体现了大学生群体不同于其他社会群体的先锋性，是大学生价值观内容凝练的新尝试、新提升。

第五章 高校文化生态系统下大学生价值观培育机制研究

高校学生的价值观既是学生个人发展的坐标系，也是高校文化的核心要素。高校文化生态建设与大学生价值观构建息息相关，两者交互影响，促动发展。高校文化生态环境是大学生价值观培育的重要环境载体，文化生态在高校中的建设为培育大学生价值观创造了条件与可能。高校文化生态系统的要素分析及子系统构成，为研究大学生价值观培育机制创造了一定的条件和可能，并提供了崭新的分析视角。

培育大学生价值观是一个长期、复杂的系统工程。在国家大力倡导社会主义核心价值观建设的背景下，大学生群体的自主意识逐渐强烈，在完善自身成长的同时，更多地开始承担社会责任，体现道德风尚，在整个社会公民群体中率先争优。但大学生在价值观内容的认同、方式的选择等方面还存在一定问题，特别是高校思想政治教育在深度、广度和效度上存在上升空间的情况下。在对大学生价值观进行培育的过程中，一定要坚持创新思维，坚持以学生为本的主体性原则，紧紧围绕文化主题词，确保大学生价值观教育内容能够入脑入心，实践过程积极可行，真正发挥文化育人、精神引领的作用。

第一节 创新大学生价值观培育机制的原则

文化生态学认为，文化的产生和发展是人、自然、社会和文化交互作用的产物。作为文化的核心构成，价值观的形成是主、客体环境交互作用的结果。大学生价值观也是大学生个体在与周围环境的互动中逐渐确立的。在这一过程中，课堂文化、校园文化、家庭文化、社会文化和网络文化等诸多文化形态所起的作用不尽相同。推进培育大学生价值观，要从不同文化形态对大学生个体价值观的不同影响着手，构建培育大学生价值观的全方位机制。此外，要实现大学生价值观培育机制的推进，还要在一定原则指导下进行机制创新，以确保创新培育机制具有广泛的适用性和有效性。

本节通过对当前教育界普遍存在的对大学生价值观培育的看法进行分析梳理，提出创新型大学生价值观培育机制，保证其全面和系统性，同时参考各界学者对大学生价值观培育机制的研究成果，提炼出创新培育机制的相关原则，用以指导各机制的作用发挥。

一、对现有培育机制研究的梳理和再造

经梳理已有研究后笔者发现，对大学生价值观教育推进机制的研究成果比较集中，总结看来，有以下几个方面的机制化研究要点：第一，教育机制研究。教育是实现社会主义核心价值观认同最直接、最有效的方式①。经过教育解读机制的创新，改变单一的理论灌输教育模式，使大学生主动地从认知与情感上理解和接受该价值观。与此同时，教育在此过程中发挥着同等重要的作用。因此，大学生价值观培育机制的主要实现途径和方法是教育。第二，保障机制研究。制度是要求一个组织的成员共同遵守的办事规程或行动准则，有利于实现组织或团体的既定目标。在当前高校的教育实践中，绝大多数高校都制定了思想教育、教学科研和校园生活等多方面的日常管理制度，通过制度的强制性力量来约束和督促学生，以保证核心价值观的培育效果。第三，开放机制研究。开放引导是当前大学生价值观培育机制现状的又一大特点。开放引导型培育机制以大学生价值观为引导，注重发挥受教育者的主体自觉性，追求“以人为本”。开放引导型培育机制要求建设开放引导型德育教育的人才队伍，并以此为核心引导力量，对学生进行核心价值观的培育；同时，要求构建核心价值观需要的开放环境，包括开放的大学生生活环境及开放的社会环境等，通过良好的环境氛围熏陶，逐步推进大学生的核心价值观培育进程。综合上述观点，现有研究对于大学生价值观的机制化研究侧重点各不相同，综合性的论述较少，对

① 参见赵果：《创新大学生社会主义核心价值观培育机制的路径探析》，《思想教育研究》2013年第11期。

于各个机制的相互关系表述不明确，大多观点没有将大学生价值观的主要内容结合分析，没有突出大学生的主体性地位，缺乏创新性的内容和手段。

大学生正处于价值观形成过程的关键时期，他们的主体意识逐渐增强，思想上的矛盾性和差异性都较为明显。同时，大学生的价值观并未完全成型，仍具有一定程度的可塑性，这种情况为社会主义核心价值观引领下的大学生价值观培育工作提供了可能。大学生价值观的培育也要从多个方面入手，要尊重大学生的主体地位，通过不同机制手段的结合逐步推进核心价值观的培育工作。本书的设计思路是以统筹联动机制为前提，实现全员育人、全方位育人；以教育引领机制为核心，充分发挥高校作为教育者的作用；以完善保障机制为重点，为核心价值观的培育提供资源保障；以示范引领机制为关键，通过榜样文化实现大学生价值观的具体化；以评估激励机制为巩固，为培育工作提供参考、监督和激励；以实践践行机制为保障，发挥社会实践在大学生价值观培育中认知上的转化作用、认同上的强化作用和践行中的承载作用①。六大机制相互联动，共同推进大学生价值观培育。

二、大学生价值观培育与高校文化生态系统建设同一性原则

大学生价值观的培育同高校文化生态建设的目标是一致的，过程也是相统一的。一方面，和谐平衡的高校文化生态系统是大学生价值观培育的重要载体，发挥着系统凝聚、导向、熏陶、辐射的功能，为大学生价值观的养成提供了有效的途径和环境基础。另一方面，大学生价值观的形成和践行，可以改变或者优化校园文化生态主体的行为方式和习惯养成，帮助大学生树立正确的价值观取向，最大效能地实现文化生态主体对客体的作用力，协调系统各个构成要素之间的平衡发展和相互促进。

高校文化生态系统为大学生价值观培育提供载体和基础，大学生价值观培育在高校建设中占据核心地位，贯穿于高校文化发展的整个过程，决定着高校文化的基本性质和前进方向。大学生价值观培育以高校生态文化系统为基础，了解高校生态文化系统的系统性、整体性和联动性有助于指导大学生价值观培育的进行，有助于突出重点与层次，有力地推动大学生价值观的培育。要推进

① 参见邓卓明、姜华：《社会实践在推进大学生社会主义核心价值体系教育中的作用》，《思想理论教育导刊》2011 年第 12 期。

大学生价值观培育，就要加强高校文化生态建设，而通过构建和谐的高校文化来聚人心、促发展就显得尤为重要。价值观是文化的灵魂，构建正确的大学生价值观是创建和谐高校文化生态的核心，二者密不可分。高校文化生态建设的主要内容就是从文化建设和学生需要的实际出发，探寻有效途径，构建大学生价值观。高校文化生态建设是个非常复杂的系统工程，关系到文化系统各要素，但最根本的还是要培育大学生的价值观。只有引导学生树立了正确的价值取向，才能在更高层次上实现高校中各种文化的协调发展和相互促进。

高校文化生态建设旨在解决校园文化面临的矛盾和危机，实现多文化之间的协调发展，构建理性有序的和谐高校文化氛围，而和谐的高校文化为大学生价值观培育提供了重要载体和精神基础。价值观不可能脱离文化环境而独立存在，环境是价值观的载体。大学生的价值观也要依托一定的环境载体才能存在。高校文化的性质体现和决定了大学生价值观的基本精神，在我国，高校文化是社会主义先进文化的重要组成部分。倡导大学生建立社会主义核心价值体系，是由我国的国家性质决定的。培育大学生价值观必须要有高校文化建设的支撑，否则便会失去先进的文化基础。因此，要重视高校文化生态建设，构建先进高校文化，拓展高校文化建设的有效途径和方法，进一步满足大学生价值观培育的需求。

建设良好的高校文化生态系统是大学生价值观培育的最终目的。校园精神文化建设是高校文化生态建设的重要内容。校园精神文化建设的主要方法就是大学生价值观培育。大学生价值观培育是各个高校在实践中逐渐促使学生形成正确的理想、信念和价值目标，是高校精神旗帜的重要标志，同时也是大学生精神文化建设的基础性内容。高校文化在发展过程中形成了自身特有的精神品质和传统，这些精神品质及精神传统都在大学生的价值观中得到了展现。高校文化对大学生的价值取向、品德素质等都有重要影响，对其行为有规范作用，可以影响大学生的价值判断和行为选择，进而决定大学生的发展方向。

因此，坚持以高校生态文化为指导，结合不同高校大学生价值观培育的现状，实事求是，从不同的层面和角度结合学生实际，有助于实现大学生价值观培育的最终目标，从而构建良好的高校生态文化系统，为学生发展提供良好的发展平台。

三、创新培育机制“五结合”原则

高校文化生态系统作为一个复杂的动态开放系统，具有整体性、层次性、关联性、多样性、适应性等特点。主体与环境相互促动，各个构成要素之间也相互作用。因此，在高校文化生态系统中推进大学生价值观教育，就必须重视受教育者的主体地位，坚持“以学生为本”，着眼于高校文化生态系统中的理念、约束、行为和物质等各个层面，确保核心价值观的高度认同度。

创新大学生价值观培育机制应与全员育人相结合。全员育人，即由学校、社会、家庭、学生共同组成教育合力系统，同时也具有多方面、多角度、多层次等特征。对大学生进行思想政治教育，要建立健全思想道德教育体系，要使学校、家庭和社会三者形成合力，相互促进。[①] 培育的大学生价值观，责任不仅仅在于高校，更需要社会、家庭、学生本人的通力配合，在多个动力系统的合力作用下深化大学生对于核心价值观的认可。

创新大学生价值观培育机制，应坚持与学生思想实际相结合。大学生具有独特的思想特点，有较强的自主意识，个性独立，希望获得认同，却“务实而又略显功利”[②]。针对大学生的思想实际，对大学生的价值观培育应通过大学生喜闻乐见的载体和手段进行，避免因操之过急而使学生产生反感情绪。在核心价值观培育的过程中，教育者也应及时、定期地对学生进行思想评估，准确了解学生在构建价值观历程中的思想动态变化，从而在下一步的教育中进行调整。

创新大学生价值观培育机制应坚持与学生情感认同相结合。根据国内许多学者的观点，个体价值观的形成也遵循着个体认知和实践过程的基本规律。有学者对著名教育家陶行知先生提出的“知情意合一”的德育原则思想进行了理论再创新，将价值观形成的整个过程总结为知、情、意、行四个过程，这也是一个从模仿与服从到认同再到内化、外化的过程。[③] 在大学生价值观的培育过程中，也需符合个体认知和实践过程的基本规律，外在要求与自身原有态度体系相融合，形成新的态度，并不受他人关系和外界压力的影响，真正将核心价值观内化为学生的情感需求和行为依照。

---

① 参见中共中央国务院:《关于进一步加强和改进大学生思想政治教育的意见》(中发[2004]16号),2004年8月26日。

② 陈郭华:《“90后”学生群体风格和思想特点研究》,《思想理论教育》2010年第21期。

③ 参见任晓燕:《试述陶行知的德育原则思想》,《当代教育论坛》(下半月刊)2009年第12期。

创新大学生价值观培育机制应坚持与方法手段创新相结合。如今，以互联网为代表的新媒体发展迅速，大学生与网络接触的广度与深度日益增强。新形势下大学生价值观培育机制的创新同样需要与新时代的具体要求相符合，需要创新培育价值观的方法手段。在培育大学生价值观的过程中，应摆脱单一的课堂灌输式思想教育模式，积极运用传统媒体和新媒体相结合的方式，提升大学生的学习能力，促进培育大学生价值观机制的创新。

创新大学生价值观培育机制，应坚持与学生自觉自律相结合。自觉自律是指大学生在客观、辩证地认识自己、他人和社会及三者间关系的基础上，将合理的社会规范内化到自己的心中，并用以指导自己的日常行为。通过为大学生营造合适的自我引导、自我教育环境，并提供相应的物质、资源保障，可以使大学生以核心价值观进行自律并自觉地遵守核心价值观提出的要求。

总之，创新大学生价值观培育机制要以学生为本，尊重学生的主体地位，关注学生的思想实际、情感认同和自觉自律，有效调动学校、家庭、社会及学生个人等多方面的力量，辅助以培育机制方法与手段的创新，创新建立多重机制，全面实现大学生价值观的培育与践行。

第二节　创新大学生价值观培育机制

本书在第二章构建了高校文化生态系统模型，以文化生态主体（个体主体和群体主体）为系统内核，将系统由内而外地扩展为理念层、约束层、行为层和物质层四个层次，分别由价值子系统、制度子系统、实践子系统和资源子系统承载文化的凝聚、导向、熏陶、辐射等作用。外围的原生环境、现实环境、历史环境、国际环境作用于整个系统，发挥一定的影响力。文化的开放性决定了系统打开后，外围环境是不可控的，波动性大，那么对文化主体的价值观塑造应以系统内部的要素和媒介为着力点，秉承一致性原则，围绕主导的政治文化方向进行价值引领。因为“政治文化的长期稳定，也将受到贯穿于各机构社会化过程中的连续性影响，而且在长时期内要受这些机构的影响。如果一个人的社会化连续性很高，并且不断得到加强，那么他的态度就会呈现出最高度的稳定”[①]，在

① ［美］加布里埃尔·A.阿尔蒙德、小G.宾厄姆·鲍威尔：《比较政治学：体系、过程和政策》，曹沛霖等译，上海译文出版社1987年版，第93页。

对大学生价值观进行培育的过程中，一定要秉持一致性原则，把握住影响大学生价值观发展、变化的高校文化生态系统的各个要素，特别是教育主体、文化资源、文化环境、文化制度等要素，在教师师德引领、同辈榜样示范、制度规约激励、物质资源保障、实践平台搭建等方面加强建设，有针对性地将这些媒介因素转变为利于大学生价值观培育的阵地。

基于上述分析，本章在构建大学生价值观培育机制方面，依托高校文化生态系统模型，充分考虑到系统内文化生态主体和客体的构成要素，围绕文化这一核心背景，充分把握“教育”“制度”“践行”“保障”等关键词，形成文化价值引领下的教育创新机制、文化制度规范下的激励创新机制、文化实践指导下的行为创新机制、文化资源保障下的联动创新机制，营造有益于价值观培育的文化生态环境，以期实现加强价值观培育的目的。

一、文化价值引领下的教育创新机制

在高校文化生态系统中，主体分为个体主体和群体主体，无论是学生、教师，还是课堂、学生组织，系统的功能发挥都要围绕文化价值的实现展开。在系统中，理念层是核心层，价值子系统是最内层的，紧密围绕主体发挥作用力。建构教育引领机制是形成大学生价值观培育机制的关键环节，教育主体、内容和手段的创新是核心，也是培养大学生爱国品质的重要途径，是体现文化价值的重要部分。教育是高校精神文化建设的重要途径，同时，高校精神文化环境是主导和核心。在大学生人格培育过程中，要切实达到教育目的，需要在教育主体、教育内容和教育方法上进行创新。

（一）教育主体的创新

首先，要建设师德高尚的教师队伍。2014 年 9 月 9 日，习近平总书记在北京师范大学的讲话中提出：“国家繁荣、民族振兴、教育发展，需要我们大力培养造就一支师德高尚、业务精湛、结构合理、充满活力的高素质专业化教师队伍，需要涌现一大批好老师。”[①]有学者曾提出“传道者为人师，授业者为精师，解惑者为能师”的观点，这种观点将教师的成就分为了三个境界。教师德行和道德标准影响到学生的个人道德品质。本书第四章的社会调查结果显示，在遇到如

---

① 参见习近平：《做党和人民满意的好老师——同北京师范大学师生代表座谈时的讲话》，2014 年 9 月 10 日《人民日报》。

小偷行窃、毁坏公务、违反交通法规等事件发生时，近8成的教师都会选择上前制止违法或不文明行为，选择帮助他人。而在"人都是利己的"这个观点上，53.6%的教师是赞同的。在现实生活中，这样的现象也层出不穷。对此，高校应该进一步完善师德教育、师德评价、师德监督和激励等师德建设体制。高校教师职业道德状况不理想、师德建设机制不健全等问题的关键在于整合师德规则和建立有效的师德建设工作程序机制。[①] 教书育人是教师基本职责，坚持德育为首不能只停留在口号上，更要落实在行动中。在校大学生与青年教师年龄相仿，拥有相似的人生阅历和成长经历，往往在价值观上也相对接近，因此，要全面发挥中青年教师的示范带动作用，以提升思想政治工作的感召力和影响力。江英飒指出："大学生思想政治工作不应该仅仅局限于课堂教学队伍构建，而应在专业教学、班主任工作和管理服务工作等各个领域中同时大胆放手启用一批青年教师。"[②]《关于加强和改进高校青年教师思想政治工作的若干意见》也肯定了青年教师的作用。该文件中提到："青年教师与学生年龄接近、与学生接触较多，对学生的思想行为影响更直接，他们的思想政治素质和道德情操对学生的健康成长具有重要的示范引导作用。"青年教师通过与大学生的相互学习、相互促进，在教学相长的过程中实现了教育结果。大学生价值观教育的评判应当将知、情、意三者结合起来，使大学生将平时所学与实际行动相结合。由此来看，青年教师应该运用自己所掌握的所有知识来发挥教书育人的重要作用，以感化、教育和启发受教育者。此外，教育者还应当做到因材施教，有的放矢，在与大学生进行思想碰撞和交流的过程中，进一步增强教育效果，引导大学生树立正确的价值观念。

其次，要发挥学生榜样的示范引领作用，特别是学生党员的模范带头作用。在学校中，同辈之间的关系密切，不仅仅在学习、生活方面相互影响，与政治文化相关的信息也容易在同辈群体中进行正式或者非正式的传递，对学生价值观的形成产生重要影响。因此，高校要选树各类优秀学生典型，在校园内形成传播的正能量，如全面发展标兵、道德模范标兵、自强之星等，让广大学生可以树立自己的目标，有参照地去仿照学习。这其中，学生党员的榜样作用在引领价值观培育方面也发挥着重要的影响力。学生党员本身就属于学生群体，更易从

① 参见陈潮光：《构建高校师德建设长效机制的理论与实践》，《高教探索》2007年第2期。

② 江英飒：《构建青年教师与大学生"共育"思政工作模式》，《中国高等教育》2014年第11期。

群众中来，到群众中去，因此会更有效地传播正确的价值观。学生党员的成长过程具有一定的示范意义和先进性，榜样的树立有助于学生看到生活、学习和活动中的标兵，并按照标杆的要求在实际行动中提升自己。在具体的宣传典型示范工作中我们要注意以下几点：第一，要广泛而有层次地选树典型。选树典型的目的是得到社会大众的价值认同。假如典型选错，示范引领作用将无法得到发挥。第二，在选树典型的过程中，要充分发扬民主精神，以实现群众认可从而更好地发挥示范引领作用。第三，在创先争优活动中，要通过多种方式树立典型，要充分尊重学生意见，选取作风正派、政治作风严谨的典型。第四，宣传中要注意保持宣传的连续性，从而实现典型作用的发挥和推广。要制定详细的宣传方案并且落实每个环节，以期实现预期效果。

（二）教育内容的创新

教育的首要任务是回答人生观的问题，让受教育者树立基本的道德观念，使其知道他们担负的责任有哪些，让他们对事物有基本的判断思考能力，进而提升综合素质。因此，境界、方法、技能都是教育的主体内容。在教育内容层面，主要可以从以下几个方面加强对大学生的教育。

1．加强做人教育

在中华传统文化中，“做人”是最基本的伦理要求，一个人的做人方式反映了其行为处事的原则、方式和品格。学校是开展做人教育的重要阵地，在学校中开展做人教育有助于个人完整人格的形成。深沉厚重的核心就是做人。美国新精神分析派的代表人物埃里克森将人的一生分为八个既相互联系又相互区别的发展阶段。他将 18～25 岁的青年人主要矛盾定义为亲密对孤独，指出青年人在这个阶段渴望与人交往，建立友谊，又不失去自我。大学是大多数人从未成年走向成年的当口，是从自我同一感的矛盾走向亲密与孤独的矛盾的过程，需要正确的引导和教育，这其中，做人教育尤为重要。

2．加强理想信念教育

大学是学生成长与蜕变的重要殿堂，大学生在大学学习期间，身心已经基本成熟，但是缺乏系统的、科学的理论指导。大学生的专业选择、时间分配、就业取向都与其理想信念息息相关。针对其大学生在这一阶段的特点，应该充分利用思想政治教育课程、形势与政策课程等学科平台，坚持引领与渗透相结合，说服力与感召力相结合，外界引导与个人自觉相结合，坚持抓主线，坚持以马克思主义指导思想为核心，掌握网络引导的主动权，大力开展理想信念教育。教育者应该尊重差异。理想信念教育类似于价值观教育,主流有正误之分,但是具体又因人而异,不能“一锅煮”“一刀切”,要针对不同的学生采取不同的方法并适当对其理想信念进行引导。

3. 加强人文素质教育

钱源伟曾提出:“人文素质是由人文科学知识、社会心理、文化修养、人文精神等方面综合形成的一个人的内在稳定的特质,外在表现为一个人的人格。”[①]在校园生活中,人文素质表现在大学生的专业水平、精神追求、消费观念、个人品质等方面。在第三章对大学生道德价值观的调查中笔者发现,7 成以上的大学生认为传统美德具有很强的现实意义,13.7%的大学生承认传统美德是我国的文化宝藏,但不可否认与现实生活有冲突。极少数大学生认为传统美德已经落伍。从该调查结果中可以看出,大学生的道德观念、人文素质水平整体较好,但是仍有部分学生的人文素质相对较差。因此,加强大学生人文素质水平教育具有十分重要的现实意义和社会意义。高校要发挥榜样作用,积极引导。

4. 加强民族精神教育

民族精神是一个民族在历史长河中逐渐沉积、孕育而成的一种精神样态,体现了一个民族的气度、风格和情操。作为民族精神的核心,爱国主义教育是大学生人格培育最基本的内容。大学生必须把爱国爱党作为自身的价值追求,不断增强责任心和使命感,才能真正做到为人民谋利益,为国家谋发展。[②] 勤劳勇敢,自强不息是民族精神的重要内涵。学校是进行民族文化和民族精神教育的重要场所,不过部分高校存在民族文化教育缺失的情况。近年来,“富二代”“啃老族”等群体层出不穷,当代青年自立自强意识略显淡薄。中华民族的伟大复兴依赖于当代青年,只有进一步弘扬民族精神,中华民族才有向前发展的不竭动力。

5. 加强现代公民教育

党的十七大报告提出,要“加强公民意识教育,树立民主法治、自由平等、公平正义理念”。一个国家和民族要实现现代化,离不开现代公民这一责权主体的培养。随着国民素质的提升,公民的思维和行为正在沿着更加理性、健康的

---

① 钱源伟:《社会素质教育论》,广东教育出版社 2001 年版,第 132 页。

② 参见吉喆:《当代大学生核心价值观的构建与培育研究:以山东地方高校为例》,青岛理工大学硕士学位论文,2013 年。

轨道前进。每一位公民都认真履行义务，行使权力，用开放的视野、理性的判断力、平和的心态和强烈的社会责任心参与到社会公共生活中去，这既是合格公民的基本素养，也是我们追求实现的良好愿景。中国大部分高校对于大学生公民意识的教育尚未形成完整的体系。公民意识教育是我国现代化建设的现实需求，是学校德育发展的现实需要，是建构现代公民人格的教化力量。① 在大学生现代公民意识的培育过程中，要坚持以人为本，努力克服制度供给保障的不足等消极因素，以逐步培养当代大学生的主体意识、权利义务意识、民主法制意识，努力把在校大学生培养成合格的现代公民。

6. 加强社会责任教育

社会责任感是个体对他人、国家、社会和自然所负责任的认知、情感和信念，以及与此相对应的承担责任、履行义务的自觉态度。② 在第三章的社会调查中笔者发现，57.1％的大学生比较赞同“人都是利己的”这个看法；21.1％的大学生不赞同这个看法；14％的同学非常赞同这个看法。加强对大学生社会责任感的建设有助于他们增强社会信任，促进社会和谐。对大学生社会责任教育的加强除了理论层面，还可以多鼓励学生参与社会实践，学校可以探索校企联合的新模式，并通过先进事例引导等形式来引导大学生社会责任观念的培养和践行。

（三）教育手段的创新

除了教育内容的创新，教育手段的不断进行创新也有利于教育成果的实现。笔者认为，主要可以从网络德育、学科德育、开放德育、故事德育四个方面进行。

1. 网络德育

随着中国互联网的普及，网络用户也在不断增加，其中，大学生网民是主力军。中共中央在《关于培育和践行社会主义核心价值观的意见》中提到，要在网络宣传、网络文化、网络服务中体现社会主义核心价值观，在网络阵地上呈现正面声音和先进文化。③ 网络具有互动性、自由性强等特点，适应大学生的现实需求。高校要努力搭建健康的网络平台，推动优秀校园文化和民族文化的网络化

① 参见程德慧：《当代中国学校公民意识教育研究》，华东师范大学博士学位论文，2012 年。

② 参见易畅：《大学生社会责任感的培育机制》，2014 年 10 月 22 日《光明日报》。

③ 参见《关于培育和践行社会主义核心价值观的意见》，中国共产党新闻网 2013 年 12 月 23 日。

传播，推广内容健康、形式新颖的德育作品，为进一步完善网络管理体制和网络监管体制做贡献。在学校官网、校园贴吧等阵地，高校应加强规范化管理，抵制不良网络内容对于大学生的消极影响，充分发挥在德育方面的作用。

2. 学科德育

大学中思想教育课程的设置，是大学生德育的具体化，但是并不意味着其他教学科目没有育人作用。反之，其他专业科目的设置也具有重要的德育功能。各个高校需要进一步明确的是，学科教学本来应该具有学科育人功能，且学科德育是学科育人的核心部分。教学和育人是一个统一的整体，每个学科都蕴含着丰富的育人价值，并且能够发挥重要的育人作用，二者不可人为地割裂。不能将学科的育人功能人为地剥离出去，也不能陷入“育分不育人”的误区。作为高校来讲，要进一步明确学科教育的内涵，把德育目的融入到日常的学科教学中，根据学生具体情况，因材施教，因势利导，充分挖掘各个学科中的育人资源和育人价值，努力使德育与智育协调同步，相得益彰。

3. 开放德育

开放德育的目标定位于实现德育的超越性价值和人本关怀。对话教学的价值追求、方式特征都具有开放性，对话教学具有人本价值、教学价值和创新价值，对话教学是实现开放德育目标的有效途径。[①] 大学开放德育范式是对以封闭、知性和技术化管理为特征的传统德育范式的转换，是一种适应现代开放型社会要求的新型德育范式。[②] 对于高校来讲，要进一步整合校内外育人资源，对接社会人才需求，让学生深入社会实践，增强社会责任感。学校文化和社会文化的相互激荡要求高校进一步将工作进行无缝对接，延伸育人空间。将学校教育、家庭教育和社会教育结合起来，使三者形成合力，形成完善的育人通道。

4. 故事德育

2013 年 8 月，习近平总书记在全国宣传思想工作会议上指出，要讲好中国故事，传播好中国声音。他也多次在对国家双边关系、重大外交问题的采访中，利用小故事、谚语、史料等向世界传递中国观点和中国态度。胡适曾提出过以下主张：一，要有话说，方才说话。二，有什么话，说什么话；话怎么说，就怎么

---

① 参见范美香：《高校德育课堂对话教学探讨：兼论高校开放德育的目标定位及其课堂模式建构》，《思想政治教育研究》2011 年第 6 期。

② 参见李祖平、唐春波：《对话哲学视域中大学开放德育范式的体系构建研究》，《教育科学文摘》2012 年第 6 期。

说。三，要说我自己的话，别说别人的话。四，是什么时代的人，说什么时代的话。[①] 此观点说明了胡适在语言表达上的一贯主张。大学生价值观培育要把讲故事与讲道理结合起来。倘若用生动的情节来阐述，则更容易增加受众的亲近感和认同感，从而减少排斥感和疏离感。故事能在潜移默化中传达大道理，从而收到意想不到的效果。讲故事时要注意：要把道理讲通，就要进一步创新话语体系，将深奥的道理讲得通俗易懂、深入浅出，以达到预期效果。

二、文化制度规范下的激励创新机制

高校的文化制度是以文字的形式来表达学校章程、规定和行为守则等固定的体例所形成的约束性氛围。文化制度的规约最直接作用于校园主体，集中体现了学生的思维意识和价值观念，特别是对文化核心——价值观的塑造、形成和培育意义重大，有利于从深层次影响和谐共生的校园文化关系。我们要用社会主义核心价值观作为具体指导，占领主阵地、弘扬主旋律、引领新思潮，加强制度建设，建立激励机制，来营造健康、积极、开放的高校文化生态系统。高校应当重视制度和校规校训等软文化的建设，特别应该建立与价值观培育相关的激励创新机制，从心理、物质、精神等方面设计具体政策，鼓励大学生的行为向上、向善。

1. 建立健全学生行为的制度规范

制度是人们行为的规则，是关于人们的权力、义务和禁忌的规定。[②] 大学生价值观培育的制度及关于在校大学生权利、义务和禁忌的规定，是大学生在校的行为准则。它涵盖的内容非常丰富，如学校的组织机构、管理机制、决策规划、校规校纪、行为守则、制度实施细则等。要建立健全学生行为的制度规范，第一是要完善不健全的制度。学生的需求在不断更新和变化，学校的管理和培育机制也应该随之进行完善和改革。比如，随着自媒体兴起，学校之前关于学生网络行为规范的制度渐渐显得不够完善，学校应当在充分调研、征求民意的基础上加以补充，以建立真正有利于学生发展、帮助他们树立正确价值观的网络管理制度和网络环境。第二，是要改进不科学和不以人为本的制度。制度的人性化和可实施性变化是制度发展的大趋势。值得注意的是，此处的“人性化”

① 参见胡适著，季羡林主编：《胡适全集》，安徽教育出版社2003年版，第53页。
② 参见张旭昆：《制度的定义与分类》，《浙江社会科学》2002年第6期。

不能等同于“人情味”。第三,是要落实未执行的制度。以大学中的课堂出勤考核制度为例,按时出勤除了体现学生严谨治学的态度,也体现了学生对教师的尊重,上升到个人品质层面,是其责任意识的体现。因此,制度的落实和执行十分必要。

2. 评估激励机制是保障文化制度有效执行的关键

评估在前,激励在后,前者做基础,后者做跟进。评估价值观培育,最基本、最常用的方法就是将教育评估划分为施教方教育评估和受教方教育评估。

(1)施教方教育评估

大学中的施教方主要指的是思想政治教育机构和开展教学科研的机构。开展学生日常事务管理和思想政治教育的机构在整个大学生价值观培育过程中起到主导性作用,在价值观培育中工作中起到开展、执行、落实和推动等作用;开展教学科研的机构则起到助推作用,主要负责专业授课、答疑解惑、帮助学生提升技能等。评估大学生价值观的培育机制,应从教育体系、教育内容和教育方法三个方面进行考察、评测。

第一,在教育体系方面,应着重考察施教方在培育大学生价值观的过程中,是否具有了完备的培育体制、体系;是否具备了科学、规范、有计划性的教育方案;是否注意兼顾核心价值观培育的个体特点和群体特点相结合。此外,高校文化生态系统中包括学生组织、其他课堂以及校内的精神环境和制度环境。因此,还应注意是否积极拓展核心价值观培育的途径,利用高校开设的人文通识教育课程、校园文化活动和相关心理辅导机构培育核心价值观。

第二,在教育内容方面,首先侧重考查教育内容是否与时代结合,是否与大学生实际相结合,同时还要注意与教育内容密切相关的师资,注意是否配备了有较高学术能力、实际操作能力的教育团队。应始终关注教育内容是否合理、行之有效,并因地制宜、因材施教,保证大学生价值观教育不流于形式,不止于现状。

第三,在教育方法方面,在评估教育体系和教育内容的基础上,还要考察教育方法的育人实效性。核心价值观培育应注重过程培育,注重教育方法的常态性、持续性和规范性。

(2)受教方教育评估

对受教方的评估也即对大学生本体接受价值观的考察,是建立评估机制的主要着力点。受教方价值观培育的实效性、教育效果应该是评估机制的考察终端。评估受教方的教育效果，应从接受教育的数量和质量角度进行分析评测。

从数量来看，大学生价值观培育是一项复杂庞大的工作，我国高校在校生数量达千万，应保证对接受大学生价值观培育的人数的评估，从而保证教育的广度，避免教育片面性，确保核心价值观教育的全面性。尤其要注重接受教育的有效人数。在氛围不够活跃的课堂上，学生的注意力和思维活跃程度会下降，更有学生将思政课视为自习课或可以缺席的课，这样的情况使得接受教育的有效人数不足，无法保证大学生价值观培育的全面性。

从质量角度考察价值观培育，主要看的是大学生价值观培育的实效性，这方面的评估应该考虑以下两点：第一，是否真正实现了价值观培育与社会实际相结合。大学生价值观的内容具有一定的理论性与抽象性，但其理论来源于现实生活，其价值目标指导现实生活。[①] 随着互联网技术和大众传媒发展的日新月异，高校文化生态环境受到了国际环境的冲击。因此，还要关注价值观培育是否能结合国际和国内形势。第二，是否实现了培育价值观工作的具体落实。对培育工作展开评估，可以结合本书中对大学生价值观凝练的具体内容，即以“责任”为统领，实现爱国、厚德、尚学、创新、求实、励行的具体要求，将每一个价值观概念设计成具体活动或者将标准具体化，来评估大学生价值观状况。

(3)评估后的激励机制

激励机制是在评估完成基础上的再深化、再巩固。激励“从心理学角度讲，就是指持续激发人的工作动机的心理过程，亦即调动人的积极性的心理过程，从而促使个体有效地完成组织目标”[②]。在对大学生价值观培育进行评价后，对效果良好的培育活动，给予适当的褒奖和鼓励，能够起到深化评估原则、促进培育活动实效性提高、保持大学生积极性和主动性的激励作用。

具体的激励措施可包括物质奖励和精神鼓励两方面。在物质奖励方面，首先应加大资金投入力度，争取资金支持，对优秀的大学生志愿服务及社会实践服务予以必要的支持，对效果良好、受众面广泛的校园文化活动予以鼓励，对高校的思政课改革进行资金保障。其次，应注重个体差异，根据学生具体情况制定奖励方案。“比如对经济困难的学生，在奖励形式上可以偏向物质，对于家庭

---

① 参见潘清：《大学生核心价值观培育原则探析》，《思想理论教育》2013 年第 13 期。

② 孙立莉：《激励理论述评》，《山东经济》2000 年第 2 期。

条件较好的学生，则可偏重荣誉的奖励，让有限的资源得到最有价值的发挥功效。”[①]精神鼓励方面，以荣誉为主要形式的精神奖励应注重与评估机制的紧密结合，要制定严格公平的考评考核标准，严格把关，宁缺毋滥，使得精神奖励能够真正起到精神上的引导激励作用，转化为创新培育机制、提高效果的强大动力。其他形式的精神鼓励，如目标激励和情感鼓励等，则需要因人而异，尊重个体差异，因材施教。

三、文化实践指导下的行为创新机制

要构建大学生价值观培育机制，实践践行机制是重要保障，也是培育大学生责任意识和励行品质的重要环节。责任作为大学生价值观的统领价值，在高校环境下的具体实现必须依托实践，志愿服务更是有效的实现手段。

马克思主义认识论中，强调了实践的重要作用，指出实践是认识的基础，即认识的来源、动力、检验标准和归宿。社会生活本质上是实践的。大学生价值观的培育同样需要通过实践践行机制作为保障。在高校文化生态系统中，实践活动处于行为层中，对于处在核心地位的理念层有重要影响。社会实践有助于大学生将校园生活和社会生活结合起来，运用所学知识，将自身专业特长与社会需要结合起来，是大学生了解社会、国情的重要机会，也是其磨炼意志、提高道德水平的重要平台。[②] 校园文化活动与大学生日常生活学习息息相关，在潜移默化中对大学生的行为和价值观有着重要的影响，为大学生营造良好的社会实践氛围以及积极融洽的校园文化氛围，有益于大学生价值观的引导、巩固与扶正。

当前大学生实践中，却存在许多现实问题，实践的德育功能也被削弱。调查表明：社会实践对于绝大多数大学生了解国情、民情具有实际意义，但是由于很多大学生只做活动参与者，在活动中只是不假思索地“走过场”，致使社会实践的德育功能没有得到充分的发挥。[③] 当前的大学生实践活动存在的问题包括：大学生参与社会实践和志愿服务的动机不够纯正，为了评奖、保研而参加活动走形式的情况屡见不鲜；大学生实践服务的形式单一、内容匮乏，经常出现敬

---

① 吴小林：《论大学生社会主义核心价值观培育的机制创新》，《湖南社会科学》2013 年第 2 期。

② 参见王东强：《生态学视域下高校思想政治教育主体研究》，西南财经大学博士学位论文，2013 年。

③ 参见崔强、李英敏：《提升大学生社会实践德育功能的对策研究》，《价值工程》2013 年 10 月版。

老院老人一天被洗多次脚的现象;实践和志愿服务缺乏必要的指导与规范,专业性不够等。在校园文化活动方面,活动流于形式,教育意义不强,吸引力有限,受到高校管理体制和商业化趋势的影响,其精神激励与指引作用被削弱。校园网络文化也面临着缺乏规范、网络信息质量参差不齐等问题。

为此,构建大学生志愿服务的长效机制,使高校志愿服务长期化、项目化,应做好以下几方面的工作:第一,激发大学生志愿者的参与热情,营造积极向上的文化氛围,正确引导大学生志愿者。同时,以志愿公益类社团为依托,组织开展内容丰富、形式多样的校园活动,让志愿服务的精神在大学生中得以发扬、传承。[①] 第二,加强对志愿者的培训,建立严格的培训制度,优化志愿服务的内容,使志愿者能够清楚志愿服务基地的人事安排、组织理念和组织性质等。针对特殊的志愿服务活动,要开展相应的应急处理技巧培训,满足大学生志愿者对学习社会实践技能的需求。第三,完善大学生志愿者的激励体系,给大学生志愿者一定的物质保障和足够的人文关怀,对志愿者的工作表示鼓励和认可。可以在志愿者队伍中树立模范榜样,激励全体志愿者效仿先进,学习先进。为志愿组织树立服务典型人物,并进行广泛宣传。为志愿者提供实实在在的案例分析和参考价值,具有活泼性和生动性,能够极大提高志愿者的服务热情。[②] 第四,拓宽志愿服务活动的思路和领域,提供合适期限、适合大学生专业以及个性的服务岗位,通过志愿服务的创新、志愿服务基地的建立等方式来弥补志愿服务活动中存在的资金短缺、层次过低等缺陷。

搭建稳固平台是实现社会实践活动稳定运行的重要方法。高校在强化社会实践活动的过程中,首先要拓宽社会实践活动的领域,提供更多将专业知识的锻炼与思想道德素养的提升有机结合的实践机会,并向结合大学生的不同专业,充分发挥他们在科技文化方面的优势,优化社会实践的效益。其次,要丰富社会实践的形式,将短期社会实践和长期社会实践相结合。不仅仅要做好常规的入党宣誓、传统节日、重大纪念日的纪念活动,而且要真正走出校园,扩大与企业和地方的合作,争取政府的支持,搭建社会实践基地,使大学生的社会实践活动有良好的平台依托。最后,要健全大学生社会实践活动的参与机制,让具有不同特点的大学生主体参与各具特色的社会实践活动,及时了解社会信息,

① 参见宋海英:《大学生志愿服务活动长效机制建设研究》,山东大学硕士学位论文,2012 年。

② 参见林大燕:《大学生志愿服务长效机制研究》,福建师范大学硕士学位论文,2012 年。

增强他们对社会实践活动的感悟以及对专业理论知识的运用能力，更重要的是在不断的实践过程中，树立他们的责任感和使命感，培养他们的民族自尊心、自信心和自豪感，加深他们对社会主义核心价值体系的认识和理解。

此外，校园学生组织和社会企业也是学生参与社会实践活动的重要阵地，二者的联合能够为学生提供更好的平台。校企联合的"双元"实践模式、社会服务型模式及新兴的虚拟实践模式可以成为学校指导学生参与社会实践活动的新模式。①

针对目前大学生在社会实践创新发展过程中的问题和不足，高校应该通过奖励机制等不断增强大学生的社会实践创新意识，鼓励大学生进一步创新社会实践活动的内容与形式，通过机构设置、先进典型选拔机制来鼓励社会实践活动的不断创新，保持其活力，完善大学生社会实践活动体系的建设。

四、文化资源保障下的联动创新机制

高校文化生态系统作为一个复杂的动态开放系统，从系统科学的角度来看，具有整体性、层次性、关联性、多样性、适应性等多重本质属性；从生态学的角度来看，又具有主客体之间充分良性互动、内外环境相互作用的各种生态群落的固有特性。充分利用好系统内外的文化资源是具有现实意义的。针对高校文化生态系统的这一特点，坚持全方位的事业和统筹联动机制，是大学生价值观培育实施的制度保障。要做到这一点，坚持全方位、全员的统筹联动策略是前提，也是培养大学生价值观内容具体践行的重要途径和保障。

大学生价值观的凝练依据是笔者在前文中所概括的高校文化生态系统，要想把握和研究创新大学生价值观培育机制，从高校文化生态系统的整体出发是前提。高校文化生态系统恰恰是大学生价值观综合产生的一个整体系统，它包含了具有差异性的客观事物在相互作用过程中所展现的天然理性。如何在全过程中施行统筹管理的有关理论、模型、方法和手段也是值得关注的问题。从这一角度看，高校文化生态系统图就是一个系统模型，它用圆形来描述高校文化生态系统中物质层、行为层、约束层和理念层的递进关系，又用由外向内的箭头表示外部环境（原生环境、现实环境、历史环境和国际环境）对于价值子系统、

---

① 参见杨昕宇：《加强和改进大学生社会实践活动的几点思考》，东北师范大学硕士学位论文，2006 年。

制度子系统、实践子系统和资源子系统的影响。高校文化生态系统由不同因素构成，各个因素具有各自的特定功能和作用，各组成因素有机组合，形成了强有力的整体合力。[①] 这样一个直观的系统模型清晰地表示出，以大学生价值观为代表的理念层统领了整个高校文化生态环境，流布于各个系统要素之间，起着统摄的作用。要想最大限度地实现整体合力，创新的观念就必须现代化，并具备现代意义上的系统思维，既关照整体，也不忽视局部，进而真正实现事物系统内部及其与环境的和谐统一，实现科学且可持续的进步发展[②]。

具体来看，高校文化生态系统作为一个复杂的动态开放系统，其因子是相互联系相互影响的，更加复杂的是其广泛的参与度。大学生的价值观是在一个复杂的环境中形成的，学校是主要环境，其中包括了学院教师、班级同学、宿舍舍友对其的影响；家庭是与学校相对应的另一个重要场所，其中包括家庭各个成员对其的影响；还有社会空间，包括大学生在社会生活中接触到的形形色色的人。这三者具有无限广延性，各自有着不同的特点和功能，各自对当代大学生价值观的形成产生重要的影响。要创新大学生价值观培育机制，要在主体上统筹社会、家庭和学校，使其全方位地联动起来，实现全员育人，将创新大学生价值观培育机制具体到社会生活的方方面面。统筹联动有助于实现大学生价值观培育机制的创新，从而从教师与学生授课学习这一单一的教学模式中解放出来，动员所有可以动员的力量和方式，联动发挥作用，将大学生价值观培育融入到国民教育的全过程，通过校园文化、社会实践、课堂教学、校园网络和教师队伍，全面实现大学生价值观培育机制的完善与发展。

实现全员育人的目标需要学校、家庭和社会各方面的共同努力。一方面，要将大学生价值观培育与形势政策课以及校园活动有机地结合起来；另一方面，要坚持以人为本，以大学生的价值观为中心，让他们意识到价值观的重要作用。家庭环境在当代大学生价值观的构建中起到先育、熏陶、调节的作用。[③] 家长应该摒弃守旧的教育观念，提升自身的思想道德修养，主动顺应社会发展潮流，增强自身的知识储备，引导孩子从小形成正确的价值观，接受和谐的家庭教育。

---

① 参见李小红：《全员育人教育理念及其实施途径》，《中国成人教育》2013 年第 18 期。

② 李小红：《全员育人教育理念及其实施途径》，《中国成人教育》2013 年第 18 期。

③ 参见吉喆：《当代大学生核心价值观的构建与培育研究：以山东地方高校为例》，青岛理工大学硕士学位论文，2013 年。

高校的文化环境是高校校园物质文化环境、文化学术活动、行为规范和价值观念等各种文化要素的有机统一。大学生价值观培育机制的构建也要从这三个方面着手。高校物质文化环境是基础和载体。物质文化环境是指在高校可见的硬件设施和投入所形成的文化氛围影响的一切物质条件的总和。对于高校来讲,要进一步完善自然文化环境和硬件设施条件,通过花卉、广场、雕塑等自然和人文形成的景观来展现具有自身文化特色的文化景观。在硬件设施方面,要进一步完善校园的各类基础设施建设,完善教学楼、宿舍、餐厅、学术报告厅、图书馆、文化活动中心的建设,进一步体现学校人性化的特点,彰显高校的文化发展标向和育人价值取向。

要营造舆论氛围。积极运用网站、微博、公共微信、手机报等新媒体手段,发挥新媒体作用,弘扬主旋律,传播正能量。要使理论内容常识化。理论内容的常识化,就是使理论与科学成为人们普遍认同与遵循的常识。这就要求在思想内容上贴近学生的校园现实生活,将理论原则转化为思维方式、价值理念与行为方式;在表述形式上摒弃过于烦琐的逻辑论证。应采用艺术的形式、具体生动的事例进行大力宣传,使社会主义核心价值观宣传“接地气”,真正走进学生生活,以增强学生对社会主义核心价值观的感受力,让学生感受到其强大的感召力、吸引力,从而扩大宣传的传播力与影响力。可以用学生乐于接纳的语言进行宣传,促进学生对社会主导价值的接受与认同。可以在工作实践中,创新宣传内容、形式和话语,在话语表现方面实现由抽象理论向具体的现实生活的转变、由经典化向通俗化的转变、由单一化向多元化的转变,使宣传思想工作更为生动活泼、深入人心。[①]

① 参见孙杰:《当代中国社会主义核心价值观研究》,中共中央党校博士学位论文,2014年。

结　语

大学生价值观研究是一项复杂而宏大的理论工程，又是一项关系到青年成长和发展的实践工程，是具有研究价值的。将研究置于文化生态的视域下，属于交叉学科的创新探索，也体现了学科的应用性和功能性。本书从文化生态和价值观概念、相关性分析入手，以系统构建为方法，将文化生态系统按照主客体大类区分，又将客体作为一个文化链，串联文化价值、文化环境、文化制度、文化资源等，找到文化生态与价值观相关性的学理和现实依据，进一步建立了高校文化生态系统模型，并以此作为起点，在其框架下对大学生价值观进行构建。

大学生价值观的变化轨迹以及是否有规律可循是本书的又一分析重点，以文化发展规律为导向，通过对政策文件、学派观点的梳理，基于高校文化生态环境对大学生主体意识的影响，本书对大学生价值观的演变过程进行了阶段性划分和特征归纳，得到了当代大学生价值观的确立过程和发展规律。通过前两章语义分析和规范分析，本书设计了“当前大学生价值观现状调查问卷”，进行了实证分析，这既是对大学生价值观现状的准确把握，又为接下来凝练大学生价值观内容做了现实依据和材料支撑。

对大学生价值观内容的凝练是本书的难点和创新点，依照文化环境、文化发展、文化资源、文化理念等文化生态系统的要素，本书对凝练背景、凝练原则和凝练依据做了详细而全面的分析，最终以集束式的规范性表达，提出了大学生价值观内容，即以“责任”为统领性概念，以“爱国、厚德、尚学、创新、求实、励行”为从属性概念，形成了一个有主次、有结构、有功能的价值观体系，并作出释义。

最后，本书将落脚点放在大学生价值观培育机制研究上，力求以文化为核心背景，通过全面、创新的观点，提高培育践行的可行性和有效性，发挥高校德育工作文化育人、精神引领的作用。

从全书来看，无论是对高校文化生态系统及大学生价值观内容的分析与凝练，还是对大学生价值观培育机制的深入探究，都力求体现一定的独创性。但统观全书，还是存在一些不足之处。如对文化生态学在价值观应用研究的把握方面，逻辑分析略显乏力；在实证分析部分，调查问卷设计还不够科学、合理、全面，样本选取的代表性和分布性不强；在凝练大学生价值观内容时，本书虽然做了深入的思考和分析，但对从属性价值观的提炼仍不理想，对整个大学生价值观的结构和功能分析并未深入展开，这些都是后续研究的重点。

大学生价值观研究面向的主体是青年，因此，一切文献性质的捕捉，都远不及在实践中得到的关注和认可来得真实有效。大学生价值观的生成起效，不仅需要环境浸染，更重要的是在时间历练和体验中，对大学生群体进行充分的教育引导，做到将价值观践行到实践过程中，从横向和纵向充分重视价值观引领的重要意义，并针对现存的教育过程中过度重视政治教育而忽略生活教育、过度重视学理教育而忽视实践教育的陈旧范式提出建议，让大学生在良好的文化生态环境中找寻并利用耦合价值观的一切资源。

主要参考文献

一、中文资料

(一)中文书目部分

[1]《马克思恩格斯全集》第19卷,人民出版社1995年版。

[2]《马克思恩格斯全集》第42卷,人民出版社1979年版。

[3]《马克思恩格斯全集》第46卷上,人民出版社1995年版。

[4]《马克思恩格斯选集》第1卷,人民出版社1995年版。

[5]《列宁选集》第1卷,人民出版社1995年版。

[6]《毛泽东同志论教育工作》,人民教育出版社1958年版。

[7]周恩来著,中央教育科学研究所编:《周恩来教育文选》,教育科学出版社1994年版。

[8]胡锦涛:《高举中国特色社会主义伟大旗帜为夺取全面建设小康社会新胜利而奋斗》,人民出版社2007年版。

[9]习近平:《习近平谈治国理政》第2卷,外文出版社2017年版。

[10]习近平:《之江新语》,浙江人民出版社2007年版。

[11]中共中央文献研究室编:《毛泽东 邓小平 江泽民论世界观人生观价值观》,人民出版社1997年版。

[12]中共中央文献研究室编:《中共十六大以来重要文献选编》上卷,中央文献出版社2005年版。

[13]中共中央文献研究室编:《中共十五大以来重要文献选编》上卷,人民出版社2000年版。

[14]中共中央宣传部:《习近平总书记系列重要讲话读本》,学习出版社、人民出版社 2016 年版。

[15]中共中央宣传部理论局:《新时代面对面》,学习出版社 2018 年版。

[16]仓道来:《思想政治教育学》,北京大学出版社 2004 年版。

[17]陈章龙、周莉:《价值观研究》,南京师范大学出版社 2004 年版。

[18]胡适:《胡适全集》,安徽教育出版社 2003 年版。

[19]黄希庭、张进辅、李红等:《当代中国青年价值观与教育》,四川教育出版社 1994 年版。

[20]黄希庭、张进辅、李红等:《当代中国青年价值观与教育》,四川教育出版社 1994 年版。

[21]李行健主编:《现代汉语规范词典》,外语与教学研究出版社、语文出版社 2004 年版。

[22]李久生:《环境教育论纲》,江苏教育出版社 2006 年版。

[23]李君如:《社会主义和谐社会论》,人民出版社 2005 年版。

[24]李文信:《大学生核心价值观教育创新论》,阳光出版社 2011 年版。

[25]林岳新:《多元文化背景下青少年价值观培养研究》,中国社会科学出版社 2011 年版。

[26]岑国桢:《青少年主流价值观:心理学的探索》,上海教育出版社 2007 年版。

[27]岑国桢:《青少年主流价值观》,上海教育出版社 2007 年版。

[28]刘思华:《生态马克思主义经济学原理》,人民出版社 2006 年版。

[29]鲁洁:《道德教育的当代论域》,人民出版社 2005 年版。

[30]吕坤:《呻吟语》,叶玉泉注译,崇文书局 2007 年版。

[31]马桂新:《环境教育学》,三联书店 2003 年版。

[32]钱源伟:《社会素质教育论》,广东教育出版社 2001 年版。

[33]桑国标:《学校心理咨询基础理论》,上海人民出版社 2008 年版。

[34]《十谈》编写组:《加强和改进新形势下高校思想政治工作十谈》,人民出版社 2017 年版。

[35]石海:《青年价值观教育研究》,安徽人民出版社 2007 年版。

[36]檀传宝:《德育原理》,北京师范大学出版社 2007 年版。

[37]王民:《可持续教育发展概论》,地质出版社 2006 年版。

[38]王玉樑:《21世纪价值哲学:从自发到自觉》,人民出版社2006年版。

[39]乌杰:《系统哲学》,人民出版社2008年版。

[40]吴维库:《以价值观为本》,机械工业出版社2012年版。

[41]吴新文:《社会主义核心价值观》,重庆出版社2009年版。

[42]夏征农、陈至立主编:《辞海》,上海辞书出版社2009年版。

[43]项久雨:《思想政治教育价值论》,中国社会科学出版社2006年版。

[44]徐书业:《学校文化建设研究——基于生态的视角》,广西师范大学出版社2009年版。

[45]徐园媛、廖桂芳、苏洁:《大学生价值观教育接受机制构建》,西南交通大学出版社2011年版。

[46]晏辉:《现代性语境下的价值与价值观》,北京师范大学出版社2009年版。

[47]殷海光:《中国文化的展望》,中国和平出版社1998年版。

[48]余谋昌:《生态文化的理论阐释》,东北林业大学出版社1996年版。

[49]俞国良:《校文化新论》,湖南教育出版社1999年版。

[50]喻发胜:《文化安全——基于社会核心价值观的变迁与传播的视角》,华中师范大学出版社1995年版。

[51]袁贵仁:《价值观的理论与实践:价值观若干问题的思考》,北京师范大学出版社2006年版。

[52]曾建平:《寻归绿色——环境道德教育》,人民出版社2004年版。

[53]章海荣:《生态伦理与生态美学》,复旦大学出版社2005年版。

[54]郑承军:《理想信念的引领与构建》,清华大学出版社2010年版。

[55]钟伦荣:《毛泽东的价值观》,湖南人民出版社2008年版。

[56]祝怀新:《环境教育的理论与实践》,中国环境科学出版社2005年版。

[57][俄]列夫·托尔斯泰:《人生论》,许海燕译,四川人民出版社1999年版。

[58][美]加布里埃尔·A.阿尔蒙德、小G.宾厄姆·鲍威尔:《比较政治学:体系、过程和政策》,曹沛霖等译,上海译文出版社1987年版。

[59][美]梅格?惠特曼、琼?汉密尔顿:《价值观的力量》,吴振阳、麻勇爱等译,机械工业出版社2010年版。

[60][美]欧内斯特·L.博耶:《关于美国教育改革的演讲1979～1995》,涂

艳国、方彤译，教育科学出版社 2002 年版。

[61][美]塞缪尔·亨廷顿:《文化的重要作用》，程克雄译，新华出版社 2010 年版。

[62][苏]B. A. 苏霍姆林斯基:《怎样培养真正的人》，蔡汀译，教育科学出版社 1992 年版。

(二)中文论文部分

[1]白莲莲:《多元文化时代价值观教育的困境与抉择》，《连云港职业技术学院学报》2010 年第 3 期。

[2]白显良:《推进思想政治教育科学化的几个问题》，《思想理论教育》(综合版)2011 年第 11 期。

[3]才华:《文化生态视域下我国当代大学生价值观的整合》，《河北师范大学学报》2011 年第 12 期。

[4]曹普:《20 世纪 70 年代末以来的中国文化体制改革》，《当代中国史研究》2007 年第 5 期。

[5]柴毅龙:《生态文化与文化生态》，《昆明师范高等专科学校学报》2003 年第 2 期。

[6]陈潮光:《构建高校师德建设长效机制的理论与实践》，《高教探索》2007 年第 2 期。

[7]陈郭华:《“90 后”学生群体风格和思想特点研究》，《思想理论教育》2010 年第 21 期。

[8]陈劲松:《社会主义新时期我国文化体制改革的历程》，《江淮文史》2008 年第 5 期。

[9]陈立新:《构建高校素质教育的文化环境》，《湘潭大学社会科学学报》2000 年第 6 期。

[10]陈炎:《“文明”与“文化”》，《学术月刊》2002 年第 2 期。

[11]程德慧:《当代中国学校公民意识教育研究》，华东师范大学博士学位论文，2012 年。

[12]崔强、李英敏:《提升大学生社会实践德育功能的对策研究》，《价值工程》2013 年第 10 期。

[13]戴联荣:《大学生态:文化人格共生和建构》，南京师范大学博士学位论文，2005 年。

[14]邓卓明、姜华:《社会实践在推进大学生社会主义核心价值体系教育中的作用》,《思想理论教育导刊》2011 年第 12 期。

[15]丁成际:《当代大学生价值观的现状、问题及建设》,《社会科学家》2017 年第 4 期。

[16]董德刚:《马克思主义价值观构建的问题与出路》,《哲学动态》2011 年第 3 期。

[17]段海超、杨飏:《改革开放以来我国大学生价值观变迁规律及启示》,《思想理论教育》2017 年第 2 期。

[18]范美香:《高校德育课堂对话教学探讨:兼论高校开放德育的目标定位及其课堂模式建构》,《思想政治教育研究》2011 年第 6 期。

[19]方李莉:《文化生态失衡问题的提出》,《北京大学学报》(哲学社会科学版)2001 年第 3 期。

[20]冯艺:《论文化冲突与大学生核心价值观培育》,《经济与社会发展》2011 年第 4 期。

[21]高金祥:《试析大学文化功能的产生及构成》,《黑龙江高教研究》2012 年第 5 期。

[22]高巍翔、方虹力:《凝练大学生价值观:培育和践行社会主义核心价值观的有效途径》,《学校党建与思想教育》2013 年第 23 期。

[23]顾明远:《论学校文化建设》,《西南师范大学学报》(人文社会科学版)2006 年第 5 期。

[24]韩国顺:《以社会主义核心价值体系引领大学生思想政治教育研究》,吉林大学博士学位论文,2011 年。

[25]胡映兰:《社会主义核心价值体系理论的新发展——从十六届六中全会到十七大》,《道德与文明》2008 年第 2 期。

[26]花传国、王学兵:《当代大学生核心价值观的功能定位及转化形式》,《江西青年职业学院学报》2011 年第 3 期。

[27]黄家猛:《培育大学生社会主义核心价值观应坚持两个原则》,《中南财经政法大学校报》2012 年第 10 期。

[28]黄莹莹:《论当代大学生核心价值观的构建》,《教育与现代化》2009 年第 2 期。

[29]霍步刚、傅才武:《我国文化体制改革的理论分期与深化文化体制改革

的策略问题》,《中国软科学杂志》2007 年第 8 期。

[30]吉喆:《当代大学生核心价值观的构建与培育研究——以山东地方高校为例》,青岛理工大学硕士学位论文,2013 年。

[31]纪春燕、黄鹏:《志愿服务与大学生核心价值观的培养》,《人民论坛》2010 年第 26 期。

[32]蒋晓丽、董子铭、曹漪那:《新媒体培养大学生核心价值观的交互机制研究》,《湘潭大学学报》(哲学社会科学版)2010 年第 5 期。

[33]寇晓燕:《后现代语境下大学生核心价值观的认同危机与对策思考》,《重庆科技学院学报(社会科学版)》2011 年第 8 期。

[34]李德明:《共生意义上的普遍价值》,《哲学研究》2003 年第 3 期。

[35]李国娟、张朋光:《文化自信视域下大学生价值观自信教育探究》,《思想理论教育》2016 年第 10 期。

[36]李合亮、刘艳:《当代大学生价值观培育微探》,《学校党建与思想教育》2011 年第 5 期。

[37]李厚刚、张延华:《浅谈我国内地部分高校的行政化》,《学习月刊》2006 年第 24 期。

[38]李晓虹:《新媒体文化环境中的高校文化生态建设》,《南阳理工学院学报》2013 年第 2 期。

[39]李玉洁:《和谐社会视域下基层组织激励机制的模式探究》,《领导科学》2013 年第 26 期。

[40]李祖平、唐春波:《对话哲学视域中大学开放德育范式的体系构建研究》,《成都理工大学学报》(社会科学版)2012 年第 5 期。

[41]梁渭雄、叶金宝:《文化生态与先进文化的发展》,《学术研究》2000 年第 11 期。

[42]廖小琴:《大学生价值观凝练五题》,《探索》2013 年第 2 期。

[43]刘贵芹:《采取有力措施进一步加强和改进高校学生形势与政策教育》,《思想理论教育导刊》2005 年第 3 期。

[44]刘国章:《系统思维与现代管理》,《系统科学学报》2010 年第 2 期。

[45]刘绍怀:《当前中国大学生价值观变化特点及对策探讨》,《云南财贸学院学报》2003 年第 1 期。

[46]刘月岭、武立敬:《大学校园生态文化的意蕴及价值》,《长春工业大学

学报》(社会科学版)2010 年第 4 期。

[47]刘峥:《大学生认同与践行社会主义核心价值观研究》,中南大学博士学位论文,2012 年。

[48]骆郁廷:《自发与自觉:思想政治教育的重要范畴》,《思想教育研究》2007 年第 5 期。

[49]马向真:《当代大学生价值观特征及其成因分析》,《毛泽东邓小平理论研究》2007 年第 8 期。

[50]潘清:《大学生核心价值观培育原则探析》,《思想理论教育》2013 年第 13 期。

[51]彭晓玲、周仲瑜、柏伟、熊磊:《大学生价值观与心理健康相关性调查分析》,《重庆科技学院学报》(社会科学版)2005 年第 2 期。

[52]邱柏生:《大学生核心价值观凝练的方法论思考》,《思想理论教育》(综合版)2012 年第 6 期。

[53]邱仁富:《改革开放三十年我国文化体制改革论纲》,《甘肃理论学刊》2008 年第 4 期。

[54]任晓燕:《试述陶行知的德育原则思想》,《当代教育论坛》2009 年第 24 期。

[55]孙丹薇:《当代大学生核心价值观凝练的三个维度》,《思想理论教育》(综合版)2012 年第 6 期。

[56]孙杰:《当代中国社会主义核心价值观研究》,中共中央党校博士学位论文,2014 年。

[57]台建丽:《大学生所持的与文本期望的核心价值观之比较研究》,南京师范大学硕士学位论文,2010 年。

[58]覃逸明、吴文亮:《高校校园生态文化构思》,《高教论坛》2003 年第 1 期。

[59]田海舰、杜晓雷:《社会主义核心体系视域下大学生价值观的构建》,《河北大学成人教育学院学报》2011 年第 1 期。

[60]王晨艳、李奎刚:《大学生社会主义核心价值观认同分析与培育着眼点》,《思想政治教育研究》2013 年第 4 期。

[61]王丹:《当代大学生价值观与价值选择状况的调查分析》,《实践研究》2018 年第 2 期。

(三)中文其他资料

[1]《中共中央关于深化文化体制改革推动社会主义文化大发展大繁荣若干重大问题的决定》,2011 年 10 月 26 日《人民日报》。

[2]《中共中央国务院关于进一步加强和改进大学生思想政治教育的意见》(中发[2004]16 号),2004 年 8 月 26 日。

[3]崔延强、郭平:《社会主义核心价值观初探》,2011 年 1 月 16 日《光明日报》。

[4]胡锦涛:《坚定不移走中国特色社会主义文化发展道路,努力建设社会主义文化强国》,2011 年 10 月 18 日,http://cpc.people.com.cn/GB/64093/64094/16778578.html

[5]江泽民:《加快改革开放和现代化建设步伐夺取有中国特色社会主义事业的更大胜利——在中国共产党第十四次全国代表大会上的报告》,1992 年 10 月 12 日《人民日报》。

[6]李长春:《在发展中国特色社会主义的伟大征程上创造新的青春业绩》,2008 年 6 月 10 日《中国青年报》。

[7]王云坤:《以创新精神迎接新世纪》,2000 年 12 月 12 日《人民日报》。

[8]吴潜涛:《深刻理解社会主义核心价值观的内涵和意义》,2013 年 5 月 22 日《人民日报》。

[9]习近平:《做党和人民满意的好老师——同北京师范大学师生代表座谈时的讲话》,2014 年 9 月 9 日《人民日报》。

[10]易畅:《大学生社会责任感的培育机制》,2014 年 10 月 22 日《光明日报》。

二、英文资料

(一)英文书目部分

[1]Astin, A. W., Astin, H. S., & Lindholm, J. A. *Cultivating the Spirit: How College Can Enhance Students' Inner Lives*, San Francisco, CA: Jossey-Bass, 2011.

[2]Julian Steward. *Theory of Culture Change*, Chicago: University of Illinois Press, 1995.

[3] Klunchohn C. *Values and Value Orientation in Theory of*

Action，1951.

[4] Michael Akers，Tim V. Eaton. Don Giacomino. *Measuring and Changing The Values Of Accounting Students*，Smithfield：Accounting Faculty Research and Publications，2004.

[5] Rokeach M，*The Nature of Human Values*，New York：Free Press，1973.

（二）英文论文部分

[1]Eileen Sullivan. Educating Principled Citizens：A Small Private College Advances Its Long-Standing Mission Via Lessons Learned from a New Values Initiative at a Large Public University，*Journal of College & Character*，2006，8(1).

[2]Fraliger，Valerie. Organizational Culture at the University Level：A Study Using the OCAI Instrument，*Journal of College Teaching and Learning*，2007.

[3]Michael Akers，Tim V. Eaton，Don Giacomino. Measuring and Changing The Values of Accounting Students，*Journal Of College Teaching & Learning*，2004(1).

[4] National Survey of Student Engagement. Experiences that matter：Enhancing student learning and success，Bloomington：Indiana University，*Center for Postsecondary Research*，2007.

[5] Schwartz. S. H.，Bilsky. W. Towards a Universal Psychological Structure of Human Value，*Journal of Personality and Social Psychology*，1980(53).

[6] Tisha L. N. Emerson，Stephen J. Conroy. Have Ethical Attitudes Changed? An Intertemporal Comparison of the Ethical Perceptions of College Students in 1985 and 2001，*Journal of Business Ethics*，2004(50).

后　记

本书是在我博士论文的基础上修改完成的。将博士论文出版成书，基于以下三点考虑：

第一点，内容本身。我的博士论文的研究方向是大学生价值观，以自己从事高校辅导员工作15年的经历来看，青年学生处在人生的黄金时代，而这个时代无论对于国家还是对于个人，都是最好的时代。站在时代潮头，青年都应该有一个目标，这个目标至少在他本人看来是有价值的，是和国家命运、社会发展同向并进的。希望本书对大学生价值观教育能起到一点理论反思和实践探索的作用。

第二点，过程本身。我的博士论文的撰写和答辩的过程是充满挑战的，也是比较艰辛的，从开题到答辩结束历经了1500多个日夜。这期间我带了两届学生，在日常繁杂琐碎的工作之余，坚持读书和写作，利用寒假、暑假、产假等一切可以利用的时间完成了论文的初稿，之后经历了10次修改，形成了终稿。又经历了两次答辩、两次外审，最终通过了博士论文答辩。读博的经历让我深刻理解到"严谨治学"的深意。为纪念这段宝贵的求学时光，我想将它作为自己的第一本独立专著出版，以作纪念。

第三点，感念本身。书稿由文字组成，文字来源于生活，生活是人绘制的画卷。感恩我的导师田建国教授，他是像父亲一样的人。他宽宏豁达，温润厚德，总是在我遇到困难时给予提点和帮助，待我亲切如一家人。导师平日里事无巨细地关照学生，却在自己住院时嘱托家人保密，不给学生添麻烦。为师的境界有三：能师解惑、精师授业、人师传道，而田建国教授是教授我生活感悟和做人道理的人生导师。感涓涓师恩，情深意切，铭记于内！

感谢我的同事以及学生，他们给我带来了分享的经验和实践的感知。感谢辅导员团队的每一个同事，我们每天相处的时间比家人更多，浓似亲情。感谢我的学生们，我们一起携手，一起成长，一起奋斗。随着成长，大家的笑容不再青涩，内心却逐渐强大。

感恋我的家人，谢谢父亲对我不轻易表露却深沉的疼爱，给我撰写书稿的初心和动力；谢谢妈妈对我无微不至的照顾，有你在我可以一直做幸福的女儿；谢谢公公、婆婆对我的学术研究给予支持，从外地来济南照顾我的小家，让我安心完成书稿的写作；谢谢丈夫特殊的陪伴，他作为军人，训练任务重，几乎没有时间回家，但我们彼此鼓励、彼此牵挂，默默相守；感谢我挚爱的两个儿子，大宝糖豆逐渐懂事，聪明活泼，二宝晓骁古灵精怪，笑靥动人，乖乖陪伴妈妈完成写作，两个人间天使是我拼搏的动力和幸福源泉。

最后，感顾一下自己。19 年前，我填报了志愿，从此山东大学成为了铭刻我一生的骄傲；15 年前，我做出留校的决定，找到了值得奉献毕生的事业；7 年前，我执著付出，虽然不易，仍坚实踏上了读博的每一步；在 4 年的日日夜夜里，我完成了边孕育、边工作、边写作的“实属不易”的任务。之所以选择“感顾”这个词留给自己，是因为其中的“眷念”之意：念着累并充实的工作，念着也爱也气的学生，念着彼此互赖的家人，最后，再多留一些眷念给自己。放慢一点步子，放过一点错失，放空一点灵魂，生命乃悠长。

寥寥数言，出于肺腑，是以为记。

王璐璐

2018 年 10 月 10 日